anuel

REMETTRE D'UN DEUIL

dition 20e anniversaire prolongée

**e programme d'action pour une meilleure relation avec la perte.
ide à reprendre pleinement et librement sa vie après des décès, des
vorces et d'autres changements importants Y compris la santé, la
rrière et la confiance**

hn W. James en Russel Friedman

Titre original :

Le manuel sur le rétablissement du deuil

Éditeur original : William Morrow, une marque de Harper-Collins Publishers

Traduction Française : Geneviève Mallet et Jean-Sébastien Landry

Conception de la couverture : Grief Recovery Institute

Pour le fils que je n'ai jamais connu – J.W.J.

Pour ma mère – tu restes mon étoile ! – R.F.

Et pour tous ceux qui veulent vivre pleinement et librement après une expérience de perte.

Bio – Jeannette Mallet

s peuvent oublier votre nom, mais ils n'oublieront jamais ce que vous leur avez ait ressentir – May Angelou

eannette Mallet est native Shippagan, demeure à Moncton, Nouveau-Brunswick, anada. Madame Mallet travaille dans le domaine d'Addiction et Santé Mentale epuis plus de 20 ans et expériences comme Conseillère en Intégration ommunautaire depuis 38 ans.

me Mallet s'est inscrite au programme Grief Recovery Method en raison d'un œur brisé, le divorce de ses parents. Elle dit « Cela a changé ma vie. Elle est evenue spécialiste du rétablissement du deuil en 2001 et a depuis a aidé des entaines de personnes endeuillées en groupe ou individuellement. Elle dit qu'on ui a souvent demandé pourquoi effectuer ce travail - ce travail difficile. Elle dit ue le sentiment d'avoir aidé quelqu'un à aller de l'avant avec sa vie est le plus eau cadeau.

tant francophone, elle a découvert le besoin du programme en français. Et à la emande de la communauté française, elle a décidé de poursuivre la traduction e ce livre. Engagés, compatissants et avec beaucoup de travail acharné et de outien de personnes (ma famille, mes amies, mon employeur, mes traducteurs) ui ont cru à mon rêve, voici un rêvé réalisé. Le « Guide de Rétablissement du euil » – Le programme d'action pour surmonter un décès, un divorce, ou 'autres types de pertes.

Mission accomplit -   Partout dans le monde, les francophones bénéficieront de e programme.

eannette Mallet
Grief Recovery Specialist/ Spécialiste en Rétablissement du deuil)

Table des Matières

Introduction

Il est peu probable qu'une personne se réveille un matin en pensant : « Le deuil, quel concept intéressant! Je crois que je vais en faire carrière. » Cela ne s'est pas produit de cette façon pour nous.
Nous sommes John W. James et Russell Friedman, et ensemble, nous représentons le *Grief Recovery Institute*.

Voici un résumé de nos vies, de l'institut, et de l'évolution de notre guide, *Le guide de rétablissement du deuil (The Grief Recovery Handbook)*.

C'est avec une immense douleur que John a été propulsé dans ce domaine après la mort de son enfant, en 1977. Après avoir découvert un processus efficace lui ayant permis d'accomplir son deuil, il a poursuivi sa carrière dans le secteur de la conception de projets d'énergie solaire. Des connaissances qui avaient entendu parler de sa perte et de son rétablissement ont présenté John à des amis qui vivaient également une perte. En peu de temps, John passait autant de temps avec des personnes endeuillées qu'avec des entrepreneurs, et estimait que le travail qu'il effectuait avec ce premier groupe était bien plus gratifiant. Après un certain temps, il s'est rendu compte que son destin reposait dans le rétablissement du deuil. Cette prise de conscience a mené à l'établissement du *Grief Recovery Institute*.

Pour Russell, l'introduction au rétablissement du deuil ne s'est pas produite en raison d'un décès, mais plutôt d'un deuxième divorce accompagné d'une faillite. Jamais il n'aurait fait correspondre sa situation au mot *deuil* s'il n'avait pas assisté à une conférence à ce sujet, présentée par John. Lors de cette conférence, Russell s'est rendu compte qu'il existe peut-être une solution pour se remettre de ses sentiments pénibles et accablants. Le jour suivant, il s'est présenté au *Grief Recovery Institute* à titre de bénévole. Vingt et un ans plus tard, il s'y trouve toujours.

Le *Grief Recovery Institute* s'appuie sur un principe fondamental : *fournir une aide au rétablissement du deuil au plus grand nombre de personnes possible, dans les plus brefs délais.* Afin d'atteindre cet objectif, l'institut a mis sur pied des programmes de sensibilisation partout aux États-Unis et au Canada. Des rétroactions obtenues au sujet de ces nouveaux groupes de soutien ont indiqué un réel besoin pour davantage de soutien. Ainsi, on a rédigé et publié la première version du *guide de rétablissement du deuil* pour répondre à cette demande. Le succès du guide indiquait clairement qu'un grand éditeur serait en mesure d'élargir notre portée pour nous permettre d'aider davantage de personnes endeuillées.

En 1988, HarperCollins (qui se nommait Harper & Row à l'époque) a accepté de publier une édition revue, permettant à bien plus de personnes endeuillées d'accéder à une meilleure aide pour surmonter une perte. Cette collaboration s'est avérée une réussite. Grâce à la portée nationale de HarperCollins, *Le guide de rétablissement du deuil* est offert dans toutes les communautés, les grandes comme les petites. La disponibilité a ainsi mené au rétablissement.

Nous ne pouvons pas savoir avec exactitude combien de personnes les trois dernières éditions du *guide de rétablissement du deuil* ont aidées, mais selon des estimations prudentes, ce chiffre s'élève à plus d'un million de personnes. Bien que nous soyons heureux et fiers d'avoir l'occasion de mettre ce guide à jour, nous devons tout d'abord reconnaître et remercier toutes les personnes responsables de la réussite des éditions précédentes.

Nous désirons reconnaître tout spécialement les milliers de personnes endeuillées qui nous ont appelés et écrit pour partager leurs histoires. Vos commentaires et vos idées nous ont encouragés à effectuer les changements nécessaires pour nous permettre d'aider davantage de personnes qui souffrent. Nous voulons également reconnaître les milliers de professionnels qui ont adopté nos efforts. Vos suggestions et encouragements sont inestimables.

En 1998, HarperCollins a publié l'édition revue du *guide de rétablissement du deuil*. Dans les dix années suivant l'édition de 1988, nous avons fait d'énormes progrès pour aider les personnes endeuillées. L'édition revue nous a permis de transmettre aux lecteurs les mesures améliorées ayant mené au rétablissement. Le nouveau contenu dans cette édition supporte la première idée de John, selon laquelle « une personne peut surmonter toute perte importante avec de bonnes informations et de bons choix ».

Nous voilà maintenant en 2008, après dix autres années. En travaillant avec des milliers d'autres personnes endeuillées, nous avons appris de nouveaux moyens pour aider les gens à gérer leur deuil plus efficacement. Nous sommes heureux de pouvoir vous transmettre ce que nous avons appris afin de faire en sorte que le rétablissement soit plus accessible pour vous. Le nouveau contenu se trouve dans la page 226.

Nous avons tenu des conférences et des consultations pour tout type d'organismes partout au monde : des universités, des écoles de médecine, des hôpitaux, des programmes de traitement pour alcooliques et toxicomanes, des salons funéraires et des cimetières, des écoles publiques et privées, ainsi que pour des groupes sociaux, religieux et philosophiques. Même si cette liste semble impressionnante dans un contexte académique, nous vous demandons de ne pas y tenir compte. Même si elle est exacte sur le plan intellectuel, cette liste n'a aucune importance sur le plan émotionnel.

Comme nos histoires personnelles l'illustrent, notre choix de carrière en rétablissement de deuil n'est pas le résultat d'une poursuite intellectuelle. Plutôt, nos cœurs brisés nous ont propulsés dans ce type de travail. Si vous en êtes arrivés à ce guide, c'est parce que vous avez le cœur brisé aussi. Bien que vous le sachiez déjà que vous avez le cœur brisé, vous vous demandez peut-être « que dois-je faire? » Ce guide vous offre la réponse. Les concepts de rétablissement du deuil présentés dans ce guide constituent des découvertes permettant d'aider les personnes endeuillées à gérer leurs pertes.

La plupart des professionnels traitent le deuil d'une perspective conceptuelle et intellectuelle. Par conséquent, les personnes endeuillées ont une meilleure compréhension de leur deuil, mais ne connaissent pas de rétablissement. Ce guide met entièrement l'accent sur le rétablissement de la douleur émotionnelle causée par la mort, le divorce, et d'autres types de perte.

Pour toutes les personnes aux prises avec des problèmes non résolus liés au deuil, nous savons que les mesures décrites dans ce guide vous mèneront à l'accomplissement de la douleur causée par une perte. Nous savons également que le rétablissement n'est pas un processus simple. Nous savons que vos pertes vous ont assurément forcés à fermer votre cœur. S'il nous était possible, nous vous accompagnerions dans les mesures vous permettant d'ouvrir votre cœur à nouveau. Vous craignez peut-être de commencer, ou vous aurez peut-être peur en cours de route.

Nous vous demandons de vous souvenir que des centaines de milliers de personnes ont pris les mêmes mesures. Nous savons que celles-ci se joignent à nous pour vous encourager à surmonter cette crainte et à commencer le processus de rétablissement.

Nous vous souhaitons la meilleure des chances pendant ce processus.

Toujours à votre service,

John et Russell

PREMIÈRE PARTIE

Constater le problème

Si vous lisez ce guide, il est fort probable que vous avez le cœur brisé.

Il est peut-être brisé en raison d'un décès, qu'il soit récent ou non.

Il est peut-être brisé en raison d'un divorce ou d'une rupture amoureuse.

Il est peut-être brisé en raison de l'une des quarante autres pertes qu'une personne peut vivre au cours de sa vie.

Il est peut-être brisé en raison de la conscience que vous ne meniez pas une vie aussi heureuse ou enrichissante que vous l'auriez voulu.

Peu importe la cause de votre cœur brisé, vous savez comment vous vous sentez, et il est fort probable que vous ne vous sentiez pas bien.

Nous ne vous dirons pas comment vous vous sentez. Vous le savez déjà. Nous ne vous dirons pas « nous savons comment vous vous sentez » non plus, puisque c'est faux. *Personne ne sait comment vous vous sentez.* Tout au plus, nous nous souvenons comment nous nous sentions lorsque nos pertes se sont produites.

Même si vous avez vécu des changements de circonstances douloureux dans votre vie, nous

vous parlerons des mesures que vous devez prendre pour retrouver un sentiment de bienêtre.

UTILISATION DU GUIDE DE RÉTABLISSEMENT DU DEUIL

Évitez de sauter des étapes lors de votre lecture de ce guide. Il existe une différence entre les personnes qui soulagent leur douleur, et celles qui ne la soulagent pas. Les personnes qui se rétablissent suivent un plan bien défini. Nous vous demandons de suivre un plan de la sorte afin d'assurer votre réussite.

Ce guide est conçu pour vous fournir les informations vous permettant de vous remettre d'une perte. Il a beaucoup à offrir à quiconque souhaite réellement se sentir mieux. Il vous permettra de choisir *l'accomplissement* et *le rétablissement* plutôt que *l'isolement* et *l'évitement.* Si vous utilisez ce guide, un mot à la fois, il accélérera grandement votre rétablissement.

Vous trouverez des suggestions, des notes et des lignes directrices tout au long du guide. Évitez de prendre des raccourcis, car ceux-ci peuvent vous mener involontairement vers de vieilles idées qui ne fonctionneront toujours pas. Respectez les étapes du programme et, par conséquent, de votre rétablissement.

AVERTISSEMENT

Ce guide n'est pas un manuel d'enseignement, alors faites attention : évitez la tentation de croire que lire le guide ou prendre les mesures qui s'y trouvent vous prépare à aider les autres.
Nous offrons des programmes de certification du rétablissement du deuil (Grief Recovery® Certification Programs) bien précis à cet effet. À la fin du guide, vous trouverez des adresses et des numéros de téléphone afin que vous puissiez communiquer avec nous si vous avez des questions au sujet de nos programmes.

1

Le deuil : un processus négligé et incompris

Le deuil est la réaction normale et naturelle à tout type de perte. Ainsi, vos sentiments sont également normaux et naturels pour vous. Voici le problème : la socialisation nous a amenés à croire que ces sentiments sont anormaux et contre nature. Même si le deuil est normal et naturel, et de toute évidence la plus puissante de toutes les émotions, il s'agit également de *l'expérience la plus négligée et la moins bien comprise, souvent par les personnes endeuillées elles-mêmes et les personnes qui les entourent.*

Le deuil se définit par les sentiments contradictoires suscités par la fin ou le changement d'un modèle habituel de comportement. Qu'entendons-nous par *sentiments contradictoires?*

Laissez-nous vous expliquer à l'aide d'un exemple. Lorsqu'une personne que vous aimez meurt après une longue maladie, il se peut que vous soyez soulagé du fait que sa souffrance soit enfin terminée. Il s'agit alors d'un sentiment positif, même s'il est associé avec le décès. En même temps, il se peut que vous vous rendiez compte que vous ne pourrez plus voir ou toucher cette personne. Cette idée vous semblera peut-être pénible. Il est tout à fait normal d'éprouver ces sentiments contradictoires, soit le soulagement et la douleur, à la suite d'un décès.

Qu'en est-il du divorce? Donne-t-il lieu à des sentiments contradictoires? Oui. Il se peut que vous éprouviez un sentiment de liberté maintenant que la bataille est terminée. Il s'agit alors d'un sentiment positif. En même temps, vous avez peut-être peur de ne jamais « trouver une personne aussi belle ou qui est un aussi bon pourvoyeur. » Ces sentiments contradictoires, la liberté et la peur, sont également naturels à la suite d'une perte.

Toutes les relations, qu'elles soient amoureuses, sociales, familiales ou professionnelles, ont des aspects de familiarité. Quelles autres pertes mènent à des sentiments contradictoires? Le décès et le divorce étant les pertes les plus évidentes, il existe plusieurs autres expériences pouvant mener à un deuil. En voici quelques exemples.

La mort d'un animal de compagnie. Le déménagement.

La première journée d'école.

La mort d'un ex-conjoint. Le mariage.

La remise des diplômes.

La fin d'une dépendance.

Les changements majeurs de l'état de santé. La retraite.

Les changements financiers positifs où négatifs.

La période des fêtes.

Les problèmes juridiques.

Le syndrome du nid vide.

Souvent, on ne considère pas ces expériences de vie courantes comme étant des événements donnant lieu à un deuil. La perte de toutes relations que nous estimons importantes, qui sont ainsi émotionnelles, mène au deuil.

Même si la perte vécue n'est pas associée au décès, continuez votre lecture du guide.

Après trente ans de travail avec des personnes endeuillées, nous avons identifié diverses autres pertes, comme la perte de confiance, la perte de sécurité, et la perte de la maîtrise de son corps (violence physique ou sexuelle). La société ne reconnaît toujours pas ces pertes comme des problèmes liés au deuil.

Des événements menant à une perte de confiance peuvent être vécus par tous (ou presque), et peuvent entraîner des conséquences négatives permanentes. Il se peut que vous ayez vécu une perte de confiance envers un parent, envers Dieu, ou envers toute autre personne avec qui vous entretenez une relation. La perte de confiance constitue-t-elle un problème lié au deuil? La réponse est oui. Et il est tout aussi difficile de vivre le deuil causé par ce type de perte. Le deuil est normal et naturel, et nous ne sommes pas bien préparés à y faire face. *Le deuil est associé à un cœur brisé, et non à un cerveau brisé.* Tous les efforts déployés pour guérir le cœur avec la tête se soldent par un échec, puisque la tête ne constitue pas le bon outil pour effectuer ce travail. C'est comme si l'on essayait de peindre avec un marteau — on ne ferait que des dégâts.

Presque tous les commentaires intellectuels sont précédés de la phrase « ne t'en fais pas. » En 1977, lorsque le nouveau-né de John est mort, un ami bien intentionné lui a dit, « ne t'en fais pas; vous pouvez avoir d'autres enfants. » Bien qu'intellectuellement exacte, cette affirmation voulant que John ait la capacité physique d'avoir d'autres enfants était non seulement sans importance, mais également accidentellement blessante, puisqu'elle minimisait ses émotions naturelles et normales. John ne se sentait pas bien; son cœur était brisé.

Lorsque Russell et sa première épouse ont divorcé, il était bouleversé. Un ami lui a dit « ne t'en fais pas; tu feras mieux la prochaine fois. » La plupart des commentaires qu'entendent les personnes endeuillées à la suite d'une perte, bien qu'intellectuellement exacts, sont vides d'émotion. En raison de ces idées contradictoires, une personne endeuillée se sent souvent perdue et frustrée, et ces sentiments mènent ainsi à l'isolement émotionnel.

Étant donné que la plupart d'entre nous ont été socialisés pour tenter de résoudre tout problème avec notre intellect, le deuil demeure un énorme problème. Cet intérêt intellectuel a même donné lieu à des articles universitaires qui suggèrent que le genre est un enjeu dans le deuil. Nous reconnaissons que les hommes et les femmes ne sont pas socialisés de la même façon, mais notre expérience nous indique que les hommes et les femmes sont tout aussi limités lorsque vient le temps de gérer des sentiments de tristesse, de douleur, et tout autre sentiment négatif. Les sentiments en soi sont sans genre. Il n'existe pas de tristesse féminine ou masculine ni de joie féminine ou masculine.

Nous ne disons pas que l'intellect est sans valeur lorsqu'il est question de deuil. À vrai dire, vous lisez un livre, ce qui constitue une activité intellectuelle.
Ce guide vous demandera de comprendre des concepts et de prendre des mesures, ce qui implique assurément un certain degré d'intellect.

DEUIL ET RÉTABLISSEMENT

Bien des personnes ont vu les mots « deuil » et « rétablissement » utilisés ensemble pour la première fois en lisant le titre de ce guide. Depuis des siècles, les chefs religieux et spirituels soulignent que nous devons concevoir la perte comme une occasion de développement spirituel personnel. Pourtant, dans le monde d'aujourd'hui, le processus du rétablissement d'une douleur émotionnelle intense est tellement incompris que peu d'entre nous savent comment agir à la suite d'une perte.

Qu'entendons-nous par rétablissement? Le rétablissement signifie que nous nous sentons mieux. Le rétablissement signifie que nous réclamons nos circonstances, plutôt que de laisser les circonstances nous réclamer et réclamer notre bonheur. Le rétablissement signifie que nous cherchons un nouveau sens à la vie, sans craindre d'être blessés à nouveau. Le rétablissement signifie que nous pouvons jouir de bons souvenirs, sans que ceux-ci provoquent des sentiments de regret ou de remords. Le rétablissement signifie que nous reconnaissons qu'il est parfaitement normal d'éprouver de la tristesse de temps à autre et de parler de ces sentiments, peu importe la façon dont les gens qui nous entourent réagissent. Le rétablissement signifie que nous pouvons pardonner les autres lorsqu'ils disent ou font des choses en fonction de leur manque de connaissance au sujet du deuil. Le rétablissement signifie qu'on se rend compte, un jour, que notre capacité de parler de la perte vécue est en effet normale et saine.

Plus important encore, le rétablissement signifie que nous acquérons des capacités qu'on aurait dû nous apprendre dès l'enfance. Ces capacités nous permettent de gérer nos pertes directement. La plupart d'entre nous savent que rien ne garantit que nos proches seront vivants lorsque nous rentrerons à la maison. Les personnes ayant vécu un divorce savent également que rien ne garantit que notre conjoint sera toujours amoureux de nous lorsque nous rentrerons à la maison. Les capacités vous permettant de vous remettre d'un deuil guériront votre cœur brisé, et par conséquent, vous permettront d'être présent à 100 % dans toutes vos relations. Avec les connaissances et la liberté que l'accomplissement de vos pertes vous procurera, vous pourrez vous permettre d'aimer aussi complètement que possible.

Évidemment, le rétablissement d'une perte émotionnelle importante n'est pas une tâche facile.

Votre attention, votre ouverture d'esprit, votre volonté et votre courage seront nécessaires pour prendre les mesures qui mènent au rétablissement.

GARDER L'ESPRIT OUVERT PAR RAPPORT AU DEUIL

Nous avons tous entendu l'affirmation « qu'il y a deux certitudes dans la vie : le décès et l'impôt. » Ceux qui lisent ce guide savent que l'on doit ajouter un autre point à cette liste : la perte. Nous vivons tous plusieurs pertes dans nos vies. Malgré le caractère universel de cette expérience, peu de gens savent comment s'en remettre.

Ce que nous savons au sujet des personnes endeuillées est qu'elles cherchent toujours à se rétablir. Elles sollicitent de l'aide de toutes sources disponibles. Les personnes endeuillées assistent à des groupes de soutien, lisent des brochures, et achètent des livres. Malgré ces mesures, elles sont toujours confrontées avec le fait que la société ne possède pas les outils nécessaires pour les aider à mener à terme leur expérience. Au fil du temps, la douleur provoquée par un deuil non résolu s'accumule. Que cette douleur soit causée par une mort, un divorce, ou tout autre type de perte, un rétablissement inachevé peut avoir des conséquences négatives permanentes sur la capacité de la personne endeuillée à être heureuse.

COMMENTFONCTIONNE LE
RÉTABLISSEMENT DU DEUIL?

Le rétablissement à la suite d'une perte se fait par une série de petits choix éclairés, effectués par la personne endeuillée.

Malheureusement, la plupart d'entre nous n'ont pas reçu les informations nous permettant d'effectuer des choix éclairés. Ce guide relève le défi précis de rééduquer toute personne qui désire sincèrement découvrir et accomplir la douleur émotionnelle provoquée par une perte. Nous savons que les principes énoncés dans le présent guide fonctionnent pour toute personne qui a vécu le décès d'un proche, le divorce, ou tout autre type de perte.

Le décès d'un proche suscite des émotions que l'on peut décrire comme étant *le sentiment éprouvé lorsqu'on tend la main à quelqu'un qui a toujours été là, mais pour se rendre compte que lorsqu'on en a besoin, il n'est plus là.*

Certains d'entre vous liront ce guide afin d'obtenir de l'aide pour gérer une relation problématique avec une personne décédée. Celle-ci peut être appelée une relation avec une personne « moins proche ». *Pour vous, il s'agit d'un sentiment éprouvé lorsqu'on tend la main à quelqu'un qui n'a jamais été là pour vous, et qui ne l'est toujours pas.* Cela vaut également pour ceux d'entre vous qui ont besoin de découvrir et d'accomplir les émotions non résolues rattachées à une personne vivante avec qui vous avez une relation qui n'est pas satisfaisante.

Il est également presque toujours vrai qu'une perte résultant d'un divorce se trouve dans la catégorie « moins proche ». Même si le divorce rompt les liens conjugaux, sexuels et sociaux, *le divorce n'accomplit pas les liens émotionnels.* Souvent, si le rétablissement n'est pas réussi, les personnes divorcées, les hommes comme les femmes, répéteront leurs erreurs dans leurs relations subséquentes.

UN PASSÉ INACHEVÉ PEUT CONDAMNER L'AVENIR

Nous n'adoptons aucune position morale, légale, religieuse ou sociale à l'égard du divorce. Nous avons une croyance simple que toutes les personnes impliquées dans un divorce sont des personnes endeuillées : les enfants, les parents, les frères et sœurs, et les amis du couple. Cette attitude facilite le tout pour nous. Nous savons toujours que l'enjeu principal est un deuil non résolu.

Le divorce (ou la rupture d'une relation amoureuse) mène à un deuil. Ce deuil peut devenir une réalité qui limite la qualité de vie d'une personne, et, par conséquent, peut avoir des

conséquences négatives sur toutes les relations futures. Un deuil inachevé à l'égard d'un ex conjoint dictera des choix guidés par la crainte. Une personne endeuillée qui n'a pas accompli son deuil trouvera des façons de se protéger contre toute autre douleur émotionnelle.

Malheureusement, cet excès de prudence limite sa capacité d'être ouverte, confiante et aimante, vouant ainsi sa prochaine relation à l'échec.

Nous espérons que vous reconnaîtrez le besoin de revenir en arrière pour accomplir des relations passées, de sorte à améliorer les chances de succès de votre relation actuelle. Pour ceux d'entre vous qui se sentent toujours isolés et seuls, nous espérons que le présent guide vous donnera le courage d'accomplir des relations précédentes afin que vous puissiez avancer dans le monde et rechercher une nouvelle relation amoureuse saine.

2

Aggravation du problème

Le deuil en soi est déjà difficile, nous n'avons pas besoin d'y ajouter des complications. Malheureusement, plusieurs facteurs peuvent aggraver nos réactions à la perte et limiter notre rétablissement. Le présent chapitre vise à vous sensibiliser aux risques susceptibles de retarder ou de court-circuiter votre rétablissement.

CONFUSION PAR RAPPORT AUX ÉTAPES

Bien des gens connaissent les travaux novateurs de Dre Elisabeth Kubler-Ross, qui a défini les cinq étapes émotionnelles que vivent les personnes mourantes après avoir appris qu'elles sont atteintes d'une maladie terminale. Les étapes en question sont le déni, la colère, la négociation, la dépression et l'approbation.

L'une des répercussions de l'œuvre de Dre Kubler-Ross est que plusieurs personnes ont maintenant tendance à appliquer le concept des étapes dans d'autres aspects de l'émotion humaine. Il importe toutefois de ne pas envisager ces étapes lorsqu'on vit un deuil découlant d'un décès, d'un divorce et d'autres types de pertes. La nature et l'intensité des sentiments causés par une perte sont fonction de l'unicité de la relation.

Même si les contributions de Dre Kubler-Ross ont eu pour effet de sensibiliser davantage la population sur le processus de la mort, ses efforts s'accompagnent d'un certain degré de dommages collatéraux regrettables. Bien des personnes, tant les professionnels que le public général ont tenté d'appliquer ces étapes dans les émotions qui surviennent après une perte. Elle a identifié le déni comme étant la première étape suivant l'avis d'une maladie terminale. Faute d'autres informations utiles, on a souvent mal interprété son travail, laissant entendre que le déni est également une étape que connaît chaque personne après une mort ou un divorce.

Au cours de toutes ces années de travail avec des personnes endeuillées, nous n'avons jamais rencontré une personne qui « nie » une perte. La première chose qu'on nous dit est « ma mère est morte », ou « mon chien est mort », ou « mon épouse m'a demandé le divorce. » Ces déclarations ne reflètent aucun déni qu'une perte est survenue. Si vous lisez ce guide, *vous ne niez pas* avoir vécu une perte.

QU'EN EST-IL DE LA COLÈRE?

La plupart des informations existantes au sujet du deuil prétendent que la colère est toujours un facteur de la perte. Nous sommes respectueusement en désaccord. Parfois, la colère accompagne les circonstances entourant une perte. Elle constitue souvent un facteur dans nos relations difficiles avec des personnes moins proches. Pourtant, la présomption de la colère est incorrecte, voire dangereuse. Souvent, une mort n'implique pas de colère. Voici un exemple pour illustrer cette affirmation.

« Ma grand-mère de 92 ans, avec qui j'ai entretenu une merveilleuse relation, est tombée malade et est décédée. Heureusement, le tout s'est passé rapidement, alors elle n'a pas souffert. J'en suis reconnaissant. Je venais tout juste de passer du temps avec elle et je lui ai dit à quel point je l'aimais. J'en suis très heureux. Les funérailles étaient un portrait fidèle d'elle. Plusieurs personnes sont venues pour parler d'elle. J'ai aimé cela. Pendant les funérailles, un ami est venu me rappeler de lui dire mes adieux, ce que j'ai fait et j'en suis fier. Je ne ressens aucune colère. »

Il s'agit d'une histoire vraie. Si l'histoire avait été différente, elle n'aurait pas provoqué les mêmes sentiments. Si le petit-fils n'avait pu parler à sa grand-mère avant son décès, il aurait peut-être ressenti de la colère envers les circonstances l'ayant empêché de le faire. Si elle avait été une personne moins proche, il aurait peut-être été en colère que sa mort soit venue avant qu'il ait le temps de rétablir la relation.

Ne croyez pas que la colère fait automatiquement partie d'un deuil non résolu. Certaines personnes endeuillées seront en colère, tandis que d'autres ne le seront pas. Si la colère est présente, nous la trouverons, et l'accomplirons.

RÉACTIONS COURANTES

Même s'il n'existe pas d'étapes du deuil, on note tout de même certaines réactions courantes chez beaucoup de personnes endeuillées.

> *La réduction au niveau de la concentration.*
> Une personne endeuillée est dans sa chambre. Elle a l'idée de se rendre à la cuisine pour y chercher quelque chose. Lorsqu'elle arrive dans la cuisine, elle n'a pas la moindre idée pourquoi elle s'y trouve ou ce qu'elle allait y chercher. Une préoccupation à l'égard des émotions découlant d'une perte et une incapacité de se concentrer semblent être des réactions universelles au deuil.

> *Le sentiment d'engourdissement.*
> Habituellement, les personnes endeuillées nous signalent que leur première réaction à la suite de l'avis d'une perte est le sentiment d'engourdissement. Cet engourdissement peut être physique, émotionnel, ou les deux. La durée de ce sentiment est différente pour chaque

personne. Nous avons rarement vu ce sentiment durer plus de quelques heures. Souvent, on qualifie à tort cette réaction de déni.

La perturbation au niveau de la structure du sommeil. Les personnes endeuillées nous disent qu'elles ne peuvent plus dormir, qu'elles dorment trop, ou les deux, alternativement.

Les changements au niveau des habitudes alimentaires. Les personnes endeuillées nous disent qu'elles n'ont pas d'appétit, qu'elles mangent trop, ou les deux, alternativement.

La fluctuation au niveau de l'énergie émotive. Les personnes endeuillées affirment ressentir une fluctuation au niveau de leurs émotions. En raison de cette charge émotive, celles-ci se sentent souvent épuisées émotionnellement et physiquement. Nous traiterons cette réaction en profondeur plus tard dans le livre.

Ces réactions à la perte sont toutes normales et naturelles. Leur durée est différente pour chaque personne. Nous ne tenterons pas de prédire la durée de celles-ci pour vous. Il se peut même que ces réactions ne surviennent pas, puisqu'elles ne constituent pas des étapes.

Il n'existe pas d'étapes du deuil. Mais les personnes tenteront souvent de s'inscrire dans une catégorie définie, si offerte. Malheureusement, c'est particulièrement le cas lorsque l'offre provient d'une autorité compétente, comme un thérapeute, un membre du clergé, ou un médecin.

Ne permettez pas à qui que ce soit de créer des délais ou des étapes pour vous.

Il n'existe aucun absolu à l'égard du deuil. Aucune réaction n'est universelle, de sorte que tous, ou même la plupart, la vivront. Il n'existe qu'une vérité inaltérable : toutes les relations sont uniques.

SURMONTER OU ACCOMPLIR

L'une des fausses idées les plus nuisibles est qu'il est impossible de « surmonter » le décès d'un enfant. On transmet ce mensonge flagrant aux parents d'un enfant décédé, mais également aux personnes ayant vécu d'autres types de perte. Les parents en deuil et les autres cherchent ainsi à obtenir des informations et ressentir des émotions qui correspondront à cette idée erronée.

Il vaut mieux se poser la question suivante : « est-il possible d'oublier son enfant, son conjoint ou son parent? » Bien évidemment, la réponse est non! « Ne pas oublier » s'entremêle à tort avec l'idée de « ne pas surmonter ». Cette idée paralysante empêche la personne endeuillée de guérir son cœur brisé, et, par conséquent, empêche le rétablissement et limite largement tout bon souvenir lié à la relation.

En janvier dernier, nous avons discuté avec une dame dont la fille s'est suicidée en février quelques années auparavant. Au cours de notre conversation, elle nous a confié qu'à l'approche du mois de février, elle pensait de plus en plus à sa fille. Ses pensées et ses sentiments se voulaient, pour la plupart, pénibles. Nous avons reconnu ses sentiments et la logique qui sous-tend l'intensité renouvelée de ceux-ci à l'approche de la date d'anniversaire de la mort de sa fille. Ses yeux se sont remplis de larmes en parlant de sa relation avec sa fille. Elle a ensuite prononcé la phrase suivante : « Mon cœur sera brisé à tout jamais ».

La plupart auraient accepté ce commentaire et seraient passés à autre chose, mais pas nous. Nous lui avons plutôt demandé si elle gardait de bons souvenirs de sa fille. Elle nous a répondu que oui. Nous lui avons ensuite demandé comment elle se sentait lorsqu'elle pensait à ces souvenirs heureux. Elle a dit qu'elle se sentait bien pendant ces moments. Nous lui avons ensuite posé la question suivante : « Lorsque tu évoques ces souvenirs, sens tu que ton cœur est brisé? » « Non », elle nous a enfin répondu, « il n'est pas brisé. »

Nous lui avons ensuite suggéré de ne pas qualifier son cœur comme étant « brisé à tout jamais. » Plutôt, nous lui avons suggéré de dire « Parfois, lorsque je me souviens des difficultés qu'elle a connues et de sa mort, je sens que mon cœur se brise. D'autres fois, lorsque je me souviens de ses merveilleuses qualités, je me sens heureuse et fière de partager mes souvenirs à propos d'elle. »

Les personnes endeuillées, les professionnels et la documentation au sujet de la mort créent souvent une image fausse couramment répandue : « Étant donné que je ne l'ai pas oubliée et que j'éprouve souvent des sentiments à son égard, je ne me suis pas remise de la douleur provoquée par cette perte. » Ce piège peut assurément restreindre et amoindrir la qualité de vie de la personne endeuillée.

QUEL EST LE MOMENT PROPICE POUR COMMENCER SON RÉTABLISSEMENT?

Nous avons mentionné qu'un sentiment d'engourdissement et une réduction au niveau de la concentration sont des réactions courantes chez les personnes endeuillées. Malgré ces réactions, ces personnes sont prêtes à parler des circonstances de la perte et à passer en revue leur relation avec cette personne (cette révision a lieu lors de tout type de perte). Par conséquent, il est possible de commencer à se rétablir presque immédiatement. Il est facile de puiser dans cette révision pour découvrir une multitude de messages émotionnels non livrés. Même les relations les plus affectueuses et harmonieuses peuvent connaître un certain inachèvement à leur terme.

La perte en soi renforce l'exactitude de nos souvenirs. Une perte constitue même l'occasion idéale pour récolter toute une série de souvenirs. Les personnes endeuillées veulent parler de leur perte, et en ont même besoin. Il n'est pas rare pour une famille de discuter de la personne décédée immédiatement après sa mort. Il en est de même après le divorce, la retraite, le décès d'un animal de compagnie, la perte d'un emploi, ou l'expérience d'un changement physique, où l'on parle de bonnes et mauvaises expériences vécues au cours de ces relations ou de ces événements.

Il est bien de parler de ces pertes et de ces relations, mais habituellement, cela ne suffit pas à nous permettre de nous sentir accomplis. Il importe alors de prendre des mesures supplémentaires qui nous aideront à accomplir la douleur mise au jour en parlant de ces relations.

L'une des expériences les plus tristes que nous avons vécues implique des personnes qui se sont inscrites au séminaire sur le rétablissement du deuil dans le cadre d'un programme d'aide au rétablissement du deuil, mais qui ne se sont pas présentées. Parfois, elles nous appellent pour annuler en disant « Mon thérapeute m'a dit que je ne suis pas encore tout à fait prêt à entreprendre la route vers le rétablissement. »

Voici un questionnaire qui répond à la question « quand dois-je commencer mon rétablissement? » de façon réaliste.

1. Si vous tombez, entaillez votre jambe et le sang s'écoule de celle-ci, demanderiez-vous de l'aide médicale immédiatement? Évidemment, la réponse est oui.
2. Si les circonstances et les événements que vous avez vécus brisent votre cœur, demanderiez-vous de l'aide immédiatement, ou laisseriez-vous votre cœur se vider émotionnellement de son sang? Choisissez l'une de ces deux options!

Est-il trop tôt pour commencer à guérir? La réponse est toujours *non*. Nous avons consacré les dix premières années de notre carrière en rétablissement du deuil à aider les directeurs de funérailles, les gestionnaires de cimetières et les membres du clergé à aider les personnes endeuillées. Évidemment, ces professionnels aident les personnes endeuillées dans les heures et les jours immédiatement après le décès. *Il n'est jamais trop tôt pour gérer son deuil.*

SUICIDE, MEURTRE, SIDA ET AUTRES CIRCONSTANCES TRAGIQUES

L'isolement émotionnel constitue un grave problème chez les personnes endeuillées. Si l'on se concentre sur la cause de la perte, comme le suicide, le meurtre, le SIDA ou une autre circonstance tragique, on a tendance à accroître cet isolement.

Selon sa définition, le deuil est émotionnel. Cela ne signifie pas que la cause du décès n'engendre pas d'émotions. Évidemment, si une personne que nous aimons meurt des suites de circonstances tragiques, nous éprouverons une gamme d'émotions en raison du caractère injuste de cette mort. Après avoir reconnu que nous avons été touchés par les circonstances du décès, nous devons immédiatement considérer deux vérités importantes.

La première vérité se traduit par une question douloureuse. Est-ce que vous vous ennuieriez moins de cette personne si elle était morte d'une autre façon? La réponse est toujours *non*.

On demande ensuite ce qui est inachevé sur le plan émotionnel à la suite de ce décès.

Précédemment, nous avons dit que les termes *colère* et *déni* n'aident aucunement les personnes endeuillées. *Tourner la page* constitue une autre expression inefficace et injuste. Après une décision rendue par un jury, les médias se précipitent vers les personnes endeuillées, caméras et microphones en main, pour leur demander si la décision leur a permis de tourner la page. La réponse est toujours *non*.

Les poursuites peuvent rendre justice ou non. Toutefois, lorsque la poursuite est terminée, vous demeurez toujours aux prises avec ce qui est inachevé sur le plan émotionnel entre vous et la personne décédée. Dans le meilleur des cas, la poursuite accomplit le crime poursuite ne peut pas vous aider à devenir *accompli sur le plan émotionnel.*

Nous avons vu des personnes consacrer leur vie à une cause liée aux circonstances ayant causé le décès de leur proche. Nous n'y voyons pas d'inconvénient. Tous les membres de la société tirent profit d'une sensibilisation et d'une connaissance accrue à l'égard du droit, de la médecine, et d'autres enjeux. Nos vies sont renforcées en raison des efforts inlassables de ces réformateurs. Malheureusement, la plupart de ces personnes demeurent ainsi inachevées avec leur proche décédé. Étant donné qu'elles dépensent beaucoup d'énergie à la cause, elles sont constamment distraites du problème principal; leur deuil non résolu.

Quelques-uns d'entre vous auront des raisons d'intenter une poursuite, qu'elle soit civile ou criminelle, en raison du décès ou du mauvais traitement d'un proche. Nous vous encourageons à prendre les mesures nécessaires pour guérir votre deuil tout d'abord. L'accomplissement vous permettra d'être un meilleur défenseur d'intérêt de la cause. De plus, vous aurez plus d'énergie. Plus important encore, vous n'aurez pas l'illusion qu'une poursuite ou un jugement réparera votre cœur brisé.

LE MOT EN « C »

Le mot *culpabilité* est souvent associé à tort au deuil. Au *Grief Recovery Institute*, nous l'appelons le mot

en « C » (ou *the "G" word*, qui représente le mot *guilt*).
Rares sont les fois où nous présentons ce mot aux
personnes endeuillées, car il constitue rarement le bon
mot.

Voici un exemple d'une discussion difficile au *Grief
Recovery Institute* :

PERSONNE ENDEUILLÉE : mon fils s'est suicidé.
Je me sens tellement coupable. INSTITUT : avez-vous
effectué un geste avec l'intention de causer du tort à
votre fils?

P.E : non *(cette réponse est presque
universelle.)* : la définition du mot « culpabilité » dans le
dictionnaire implique l'intention de causer du tort. Étant
donné que vous n'aviez pas l'intention de causer du tort,
pouvez-vous replacer ce mot dans le dictionnaire? Vous
êtes assurément déjà attristé par la mort de votre fils, alors
vous n'avez pas besoin de vous faire du mal avec un mot
qui ne justifie pas bien vos sentiments. P.E : Vraiment?
Je n'y avais jamais pensé de cette façon.

I : Souhaitez-vous que certaines choses se soient
terminées *autrement, mieux ou plus intensément?*
P.E : Oh, oui!

Après cette discussion, la personne endeuillée éclate en
sanglots.

Dans de rares cas, certaines personnes ont effectué des
gestes avec l'intention de causer du tort. Lorsqu'il en est
le cas, il importe pour elles de présenter leurs excuses afin
d'éliminer les obstacles vers l'accomplissement.

SURVIVANT : UN AUTRE MOT
INEXACT

Vous avez peut-être constaté que jusqu'à maintenant, vous n'avez pas vu le mot *survivant* dans ce guide. Il en était de notre intention. Le mot *survivant* est exact sur le plan intellectuel. Il sous-entendu que la personne endeuillée a vécu plus longtemps qu'une autre personne. Toutefois, nous nous sommes rendu compte que le mot *survivant* avait tendance à agir comme une définition et un diagnostic, et par conséquent, les personnes endeuillées demeuraient enlisées dans une routine dangereuse et pénible. Par exemple, vous ne survivez pas au suicide d'une autre personne. Vous survivez lorsqu'une personne tente de vous tuer, mais pas lorsqu'une personne tente de se suicider ou se suicide.

Qui plus est, le mot *survivant* définit la personne endeuillée, et pousse celle-ci à revivre constamment les circonstances du décès. Souvent, être un survivant devient une identité. La personne endeuillée vient à s'identifier fortement à sa peine et à s'y accoutumer. Il n'est pas rare que les personnes endeuillées se laissent davantage prendre par la volonté de se définir et de définir leur douleur que par l'accomplissement des aspects émotionnels inachevés de la relation. Pendant ce temps, elles sont susceptibles de demeurer incapables d'accomplir leur relation avec la personne qui est décédée. Nous savons qu'il existe des groupes centrés sur des personnes ayant vécu des pertes précises, comme le suicide, le meurtre, le SIDA, le décès d'un enfant et même le divorce. Étant donné que nous croyons que les personnes endeuillées sont déjà isolées dans notre société, nous croyons également que séparer ces personnes en fonction du *type de perte vécu* ne fait qu'ajouter à cet isolement. Toutefois, nous reconnaissons les bienfaits de ces rencontres avec des personnes ayant vécu des expériences semblables.

Voici nos convictions, confirmées par vingt années d'expérience pratique :

Toutes les relations sont uniques; ainsi, tout rétablissement est personnel.

En mettant l'accent sur la vérité intellectuelle partagée (type de perte), on ne favorise en rien le processus de rétablissement. L'isolement en fonction du type de perte peut avoir une valeur à court terme, mais ne favorise pas de solutions à long terme.

VOUS N'AVEZ RIEN D'ANORMAL

Habituellement, les récurrences de pertes importantes découlant d'un décès, d'un divorce, ou d'autres causes ne sont pas fréquentes. Ainsi, nous ne comprenons pas toujours les pensées et les sentiments éprouvés à la suite de ces pertes. Il est donc inévitable de se reposer sur les informations apprises par le passé pour tenter de gérer ses réactions à l'égard des sentiments contradictoires découlant d'une perte. Dans ce guide, nous faisons référence au fait que la plupart d'entre nous n'ont pas été bien éduqués au sujet du deuil. Toutefois, nous ne cherchons pas à dénoncer la société, les parents de quiconque, ou tout établissement. Nous ne croyons pas qu'une génération transmet volontairement de fausses informations à la prochaine. Nous croyons d'ailleurs que les gens transmettent ce qu'ils connaissent, ce qui est fort probablement ce qu'on leur a appris.

Si vous constatez que les informations et le soutien qui s'offrent à vous ne suffisent pas à vous aider à surmonter votre perte, ce n'est pas parce qu'il y a quelque chose de mal avec vous; il existe plutôt un manque d'informations exactes. Si vous lisez ce guide, cela signifie que vous avez une ouverture d'esprit par rapport à votre deuil et que vous êtes ouvert à commencer le processus de rétablissement qui rehaussera votre qualité de vie, plutôt que de la limiter. Si vous lisez ce guide, vous n'avez rien d'anormal; vous et les émotions que vous vivez êtes normaux.

3

Nous sommes mal préparés pour gérer les pertes

Peu après la perte que vous avez vécue, vous avez probablement constaté à quel point vous n'étiez pas bien préparé pour gérer la masse d'émotions contradictoires que l'on appelle le deuil. Il en est de même pour la majorité des personnes de notre société. Nous sommes mieux préparés pour gérer de petits accidents que le deuil. On nous éduque davantage sur les premiers soins que sur la façon de gérer le décès, le divorce et d'autres types de pertes émotionnelles.

Arrêtez-vous un moment pour songer à votre propre expérience. Au primaire, vous avez suivi un cours sur les premiers soins; au secondaire, vous avez suivi un cours sur la santé et la sécurité. Votre bureau de Croix-Rouge local offre des cours de premiers soins à la communauté. À l'échelle du pays, nous pouvons composer le 9-1-1 en cas d'urgences. Dans un certain sens, nous sommes tous préparés à prendre les mesures nécessaires si un accident survient en notre présence. Combien de cours avez-vous suivis au sujet de la façon de gérer un deuil découlant d'une perte émotionnelle importante?

Il nous semble étrange que tout le monde sache quoi faire si une personne se fracture le bras, mais que peu d'entre nous sont préparés à aider des personnes endeuillées. Chaque année, huit millions de personnes deviennent endeuillées simplement en raison du décès. De plus, le taux de divorce dépasse les 45 %. Cette statistique ne comprend pas les relations qui n'ont jamais été officialisées par un mariage. Chaque année, plusieurs millions de relations amoureuses se soldent par une rupture, n'entraînant pas uniquement des conséquences pour le couple, mais également pour les enfants, les parents, d'autres membres de la famille et les amis du couple. On estime que plus de quatorze millions d'animaux de compagnie meurent par année aux États-Unis seulement. Lorsqu'on additionne ces chiffres et ceux représentant les millions de pertes relatives à la retraite, à la perte ou au changement d'emploi, aux problèmes de santé, et aux changements financiers importants, le résultat est plutôt hallucinant.

ON NOUS APPREND COMMENT ACQUÉRIR DES CHOSES, ET NON CE QUE L'ON DOIT FAIRE LORSQU'ON LES PERD

Au cours de nos années formatrices, on met largement l'accent sur la façon d'acquérir des choses afin de mener une vie heureuse et réussie.

Dès la petite enfance, nous tentons de gagner les éloges de nos parents. Plus tard, nous tentons d'acquérir des jouets à Noël ou pendant la Hanukkah en étant gentils. Nous essayons de recevoir de bonnes notes à l'école afin d'obtenir une approbation. Nous tentons de paraître attrayants pour nos pairs afin de nous faire accepter. Cet apprentissage de la façon d'acquérir des objets et de l'attention continue jusqu'à l'âge adulte. Certes, l'industrie de la publicité comprend ce phénomène; les campagnes de markéting mettent l'accent sur le fait que l'acquisition nous permet de trouver le bonheur et la satisfaction.

Nous avons beaucoup appris au sujet de la façon d'acquérir des choses, mais nous avons trop peu d'informations sur ce que nous devons faire lorsque nous les perdons.

La perte est inévitable; elle est parfois même prévisible. Malgré ces vérités, nous n'avons pas de formation officielle sur la façon de réagir à ces événements qui surviendront et provoqueront certainement de la douleur et des perturbations. On nous conseille même d'éviter d'apprendre à gérer les pertes, ou du moins, d'éviter d'en parler. « Ce qui est fait est fait. » « Vous devez passer à autre chose. » « Ne dérangez pas les autres avec vos sentiments. » La liste est interminable.

Nous risquons tous d'être confrontés à plusieurs pertes importantes au cours de notre vie. Nous devons reconnaître que la plupart des informations apprises sur la façon de gérer les sentiments découlant de ces pertes sont fausses. En effet, si nous n'avions aucune connaissance sur la façon de gérer le deuil, ce serait mieux que de tenter de le gérer avec les connaissances que nous avons actuellement. La plupart d'entre nous dépendent de vieilles idées pour affronter les crises que nous vivons. Même si nous pouvions vous montrer que la plupart des idées apprises au sujet de la gestion du deuil sont inefficaces, il se peut que vous y reveniez lorsque vous vous heurterez aux pensées et aux sentiments pénibles à la suite d'une perte. Habituellement, nous prenons les mêmes mesures de la même façon, encore et encore. Toutes les mesures que nous prenons, qu'elles soient physiques ou émotionnelles, deviennent une habitude. En effet, il s'agit d'une bonne nouvelle, puisque cela signifie que nous sommes en mesure de créer et de maintenir de nouvelles habitudes. Ainsi, il importe de développer des habitudes utiles qui vous permettront de gérer le deuil.

Afin de développer une nouvelle habitude, vous devez tout d'abord reconnaître le besoin d'avoir cette nouvelle habitude. Si vous lisez ce guide, il est fort probable que vous êtes déjà conscient du besoin d'obtenir des informations plus efficaces et de développer des habitudes pour gérer votre deuil.

Ensuite, vous devez apprendre les compétences nécessaires pour acquérir cette nouvelle habitude. Dans le cas du deuil, cela signifie d'identifier les idées qui ne fonctionnent pas, puis de les remplacer par de nouvelles idées que vous pourrez ensuite transformer en habitudes.

Tout au long de la lecture du présent guide, vous apprendrez et mettrez en pratique de nouvelles idées. Celles-ci sont essentielles pour accomplir la douleur provoquée par la perte. Lorsque vous aurez terminé le travail qui se trouve dans ce guide, vous aurez ainsi de meilleures habitudes pour gérer toute perte ou déception qui surviendront dans votre vie.

MYTHES QUE L'ON NOUS APPREND SUR LA GESTION DU DEUIL

Avant de discuter de ce qu'est le rétablissement, il importe de discuter de ce qu'il n'est pas. Nous devons être clairs sur les raisons pour lesquelles nous devons trouver de nouvelles façons de gérer les pertes. Nous clarifions d'abord notre compréhension de la façon dont nous avons géré des pertes par le passé. Nous utiliserons les expériences de John et de

Russell à titre d'exemples.

Le premier souvenir de John par rapport à l'apprentissage sur la gestion de perte remonte à ses cinq ans :

Notre famille avait une chienne. Cette chienne m'a adopté dès mon arrivée de l'hôpital. Lorsque j'étais assez vieux pour marcher à quatre pattes, je tirais sur sa queue et elle n'en faisait rien. Cette chienne me suivait partout. En vieillissant, j'ai essayé de lui apprendre à rapporter des objets (à ce jour, je ne sais plus qui a appris à qui à rapporter des objets). Elle trouvait toujours une façon de dormir avec moi la nuit. Cela irritait ma mère, mais la chienne et moi étions tenaces, et, au bout d'un moment, ma mère a renoncé. Puis, un bon matin, j'ai appelé ma chienne et elle ne s'est pas réveillée. Je me souviens qu'elle était

*froide lorsque je l'ai touchée. Je me souviens
que j'avais peur. J'ai appelé ma mère pour
qu'elle vienne m'aider. Ma mère m'a ensuite dit
que ma chienne était morte.*
*Je suis certain qu'elle a tenté de m'expliquer ce
qu'était la mort. Je suis aussi certain qu'elle ne
savait pas comment l'expliquer.*

Les jours suivant le décès de la chienne de John, il pleurait et passait beaucoup de temps dans sa chambre. « Mes parents se sentaient impuissants et ne savaient pas comment m'aider », se souvient-il. Enfin, au comble de sa frustration, le père de John lui dit :

Ne pleure pas; samedi, nous irons te chercher un nouveau chien.

À première vue, cette phrase ne semble pas bien profonde, mais examinons-la de plus près. Nous apprenons grâce à différentes méthodes. L'une de ces méthodes se nomme *l'apprentissage par l'observation*. Un enfant naît dans une famille. Pendant ses premières années, l'enfant côtoie principalement ses parents. L'enfant apprend en observant ses parents et en imitant ce qu'ils font. Habituellement, entre dix-huit et vingt-quatre mois, l'enfant a acquis des compétences verbales. À partir de ce moment, l'enfant ne peut pas seulement voir ce que font ses parents, mais peut également comprendre ce qu'ils disent. Les paroles du père de John portaient le message suivant :

Ne pleure pas...
Signification : Ne t'en fais pas.

... samedi, nous irons te chercher un nouveau chien.
Signification : Remplace la perte.

John a cru son père. À ce moment, il a commencé à se forger une opinion sur la gestion de la perte. Il a essayé de suivre les conseils de son père et d'éviter d'être triste. Pour un jeune enfant qui ne cherchait que l'approbation de son père, il s'agissait d'une communication puissante provenant de la figure d'autorité la plus importante de sa vie. Comme l'explique John : « J'ai cru que si mon père gérait le deuil de cette façon, je devais le gérer de cette façon également. »

Comme prévu, le samedi suivant, le père de John l'a emmené au chenil pour y chercher un nouveau chien :

Je m'ennuyais toujours de mon ancienne chienne, mais je ne l'ai dit à personne. Je me disais qu'ils n'approuveraient pas. Après un certain temps, j'ai oublié mon ancienne chienne. J'ai également eu de la difficulté à aimer mon nouveau chien de la même façon, et j'en ignorais la raison.

Il est possible, et même probable que John n'était pas en mesure d'aimer son nouveau chien puisqu'il n'avait toujours pas accompli sa relation émotionnelle avec son ancienne chienne.

Lorsque John avait 14 ans, il est tombé amoureux pour la première fois. Il s'agissait peut-être que d'un simple amour de jeunesse, mais pour lui, c'était le vrai amour.

C'était magnifique. Je pensais à elle toute la journée. J'avais de la difficulté à manger et à dormir. Les oiseaux chantaient. J'écoutais des chansons d'amour à la radio. Je ne passais plus autant de temps avec mes amis.

Après notre rupture, j'étais anéanti. Il s'agissait d'une perte importante pour moi. Pendant des jours, je me promenais comme un canard blessé. Enfin, ma mère n'en pouvait plus.

Voici ce que sa mère lui a dit :

Ne t'en fais pas; une de perdue, dix de retrouvées.

À ce moment dans sa vie, John avait déjà une bonne idée de ce qu'il devait faire lorsqu'il perdait quelque chose. Il avançait dans la vie avec les deux informations qu'on lui avait transmises au sujet de la gestion de la perte.

1. Ne t'en fais pas.
2. Remplace la perte.

Les expériences vécues par Russell pendant son enfance sont très semblables à celles de John. Les conseils « ne t'en fais pas » et « remplace la perte » ont été utilisés dans le même genre de circonstances. Pour Russell, il était impossible d'éviter de refouler ses sentiments de tristesse lorsque ceux-ci voulaient remonter à la surface. Des expériences de perte de tous genres le rendaient triste. Souvent, sa tristesse et ses larmes étaient suivies de commentaires comme « Si tu veux pleurer, va dans ta chambre. »

Russell avait de la difficulté à cacher ses sentiments. Il a tenté de parler avec sa mère au sujet de sa tristesse. Elle lui a répondu : « Ris et tout le monde rira avec toi, pleure et tu seras le seul à pleurer. » Il est désolant de constater que lorsqu'on est triste et qu'on tirerait réellement profit d'une compréhension émotionnelle, on nous apprend à « nous isoler ».

Signification : Vis ton deuil seul.

Il serait déjà suffisamment triste si ces commentaires n'entraînaient que le sentiment d'être rejeté ou mal compris lors de l'enfance.
Malheureusement, ce type de fausse idée devient le fondement d'habitudes que nous gardons tout au long de notre vie, dont plusieurs nuisent directement à notre capacité d'être heureux. Russell se souvient des maintes fois au cours de son mariage où il est monté

à bord de sa voiture après une dispute pour rouler dans son quartier, sans destination apparente. Sa voiture est devenue une métaphore de la chambre à coucher de son enfance. Son habitude, qui n'avait dès lors pas changé, était de « vivre son deuil seul ». Étant donné que la plupart d'entre nous ont été socialisés de la même façon que John et Russell, nous pensons acceptable de nous « isoler » ou de « vivre notre deuil seul ». La conclusion qui découle de nos apprentissages est d'autant plus tragique. Si j'ai besoin de « vivre mon deuil seul », alors il en est de même pour les autres. Ainsi, lorsqu'un ami a vécu une perte, on entend souvent « donnez-lui de l'espace », ou « il a besoin d'un peu de solitude ». L'expérience de John suivant le décès de son grand-père illustre davantage la profondeur des croyances de la société à l'égard de l'idée qu'on doit vivre son deuil seul.

Mon grand-père est mort en 1958. Il occupait une place très importante dans ma vie. À ce moment dans ma vie, je me sentais plus près de lui que de mon père. Je passais tous mes étés sur sa ferme. Il m'a appris à pêcher, à chasser, et à jouer au baseball. Lorsque j'ai appris qu'il était mort, j'étais assis en classe, au secondaire. Je me souviens m'être senti engourdi. C'était comme si j'étais dans un état de transe. Après quelques minutes, je me suis mis à pleurer, ce qui, selon moi, a rendu tout le monde mal à l'aise. On m'a

*donc envoyé au bureau du directeur pour que je puisse
être seul.*

Étant donné que l'enseignant et les camarades de classe
de John ne savaient pas quoi faire, on a envoyé John au
bureau du directeur afin qu'il puisse être seul.

*Encore une fois, je supposais que les adultes qui
m'entouraient savaient ce qu'ils faisaient. Cette
attitude voulant que l'on doive gérer sa douleur seul
était renforcée lorsque je suis rentré chez moi le même
soir. Ma mère était assise dans le salon, la tête basse,
et elle pleurait. Dès que je l'ai vue, je voulais
m'asseoir avec elle afin que nous puissions pleurer
ensemble. Mon père et mon oncle m'ont tous les deux
approché pour me dire :*

*« Ne dérange pas ta mère. Elle ira mieux tout à
l'heure. »*

À ce moment, John et Russell possédaient trois
éléments d'information par rapport à la gestion d'une
perte.

1. Ne t'en fais pas.
2. Remplace la perte.
3. Vis ton deuil seul.

Aucun de ces éléments d'information ne leur était utile.

Pendant que John avait de la difficulté à surmonter le décès de son grand-père en Illinois, Russell vivait difficilement son adolescence en Floride.

Avec chaque nouvelle expérience de perte, Russell était aux prises avec ces mêmes idées inefficaces. Puisqu'il n'arrivait pas à se sentir mieux avec les idées qu'on lui avait apprises, il lui semblait comme si sa vie devenait plus petite et plus triste. Lors de chaque événement difficile, il tentait de « ne pas s'en faire » et de « vivre son deuil seul ». Tout compte fait, il a commencé à croire qu'il ne connaîtrait jamais le bonheur.

Enfin, désespéré, il s'est confié à sa mère. Il lui a dit qu'il ne semblait pas trouver de bonnes façons de gérer les pensées et les sentiments qui le perturbaient. Le regard tendre, elle lui a répondu : « Le temps
guérit toutes les blessures. »

Signification : Sois patient.

Russell ne doutait aucunement de l'amour que sa mère éprouvait pour lui. Elle n'avait pas l'intention de causer du mal à son enfant. Elle lui a simplement transmis ce qu'elle avait elle-même appris.

En 1972, Russell et sa première épouse, Vivienne, ont divorcé. Russell était dévasté. Il se comportait comme un zombie. Lui qui était habituellement bavard et extraverti ne parlait presque plus. Même s'il ne devait pas « s'en faire », il était anéanti. Étant donné qu'on lui avait appris à vivre son deuil seul, il se retrouvait souvent isolé.

L'idée qu'on lui avait transmise dès un jeune âge, soit de « remplacer la perte », a été renforcée par des amis bien intentionnés qui lui ont suggéré de recommencer à fréquenter d'autres femmes. Russell ne se sentait pas bien, alors cette idée n'avait aucun sens pour lui. En même temps, on lui rappelait que « le temps le guérirait ». Ces deux idées se contredisaient. Si le remplacement de la perte allait l'aider, alors il n'aurait pas à attendre que le temps le guérisse. De l'autre côté de la médaille, si le temps guérit tout, alors il n'aurait pas à s'empresser de remplacer la perte.

L'idée que le temps guérit tout est fort probablement responsable de plus de tristesse que tous les autres mensonges qui circulent dans notre société. En effet, cette idée est fausse. Il s'agit d'une idée erronée qui nous est transmise de génération en génération.

La fausse idée selon laquelle après un certain temps, quelque chose en nous changera, comme par magie, pour nous remettre sur pied est absurde. Si l'on tentait de gérer toute autre douleur humaine, on ne dirait pas « sois patient ».

Si l'on rencontrait une personne avec une fracture au bras, on ne lui dirait pas « sois patient ». Si l'on doit bien soigner des fractures aux os pour garantir leur pleine fonction, il en est de même pour le *cœur émotionnel*.

Nous connaissons tous trop de gens qui ont toujours le cœur brisé, en partie parce qu'ils attendent que le temps le guérisse.

Malheureusement, ils en arrivent à croire ce mensonge. Certains attendent des années avec l'idée qu'après un certain temps, ils se sentiront mieux. Certains d'entre vous qui lisez ces lignes savent déjà que cette idée est fausse.

Dans l'un de nos séminaires, nous avons demandé aux participants de lever la main s'ils ressentaient toujours de la douleur après une mort ou un divorce qui sont survenus il y a plus de vingt ans. Comme prévu, plusieurs participants ont levé la main. Ceux-ci croyaient tous que le temps guérirait leur douleur.

Nous avons demandé à l'une des participantes s'il lui semblait long d'attendre vingt ans pour se rétablir. Elle a répondu clairement, par une affirmation typique : « Oui, en effet, mais je ne sais pas quoi faire d'autre. » Pouvez-vous imaginer toute la douleur et la frustration que cette femme doit ressentir? Toutes ces années à attendre un quelconque soulagement? Pour illustrer l'absurdité de cette attente, nous posons la question suivante : si vous vous rendez compte que vous avez une crevaison, allez-vous vous asseoir près du pneu pour attendre qu'il se remplisse d'air à nouveau? Cette question ne vous semble-telle pas ridicule?

Le temps ne guérit pas; il s'agit plutôt de ce que vous *faites* au cours de cette période qui vous aide à accomplir la douleur découlant de cette perte.

Récapitulons ce que John et Russell ont appris au sujet du deuil.

1. Ne t'en fais pas.
2. Remplace la perte.

3. Vis ton deuil seul.

4. Sois patient.

En 1957, la grand-mère de Russell est décédée. Celle-ci vivait avec la famille de Russell depuis que sa mère avait repris le travail. Grand-mère était la principale gardienne du frère de Russell, qui est de dix ans son cadet. Russell ne s'est jamais senti proche de sa grand-mère. Parfois, il trouvait que sa grand-mère était méchante envers lui. À l'époque, dans sa famille, il était mal vu de dire du mal des membres de sa famille; « la voix du sang est la plus forte » était le thème principal.

Lorsque sa grand-mère est morte, Russell se souvient qu'au cours d'une rencontre familiale, on lui a dit « nous devons rester forts pour ton frère ».

Signification : Reste fort pour les autres.

Il n'existait pas de directives indiquant comment rester fort pour les autres. « Reste fort pour les autres » est une expression qui semble bien, mais qui n'a pas de valeur. Plusieurs années plus tard, lorsque Russell et sa première épouse ont divorcé, son cerveau lui a dit de « rester fort pour les autres ». Il s'agissait là d'une des idées que Russell avait apprises pour gérer son deuil. Il s'est rapidement rendu compte que cette idée ne s'appliquait pas à son divorce, et il ne savait pas quoi en faire, puisque, en effet, il était « l'autre ».

Au cours de nos vingt années passées à aider des personnes endeuillées, les idées « sois fort » et « reste fort pour les autres » figurent parmi les dix idées qui sèment le plus de confusion à l'égard d'une perte. Il s'agit d'une source de confusion, puisque ces idées sont impossibles à réaliser.

À ce moment, John et Russell avaient accumulé cinq fausses idées.

1. Ne t'en fais pas.
2. Remplace la perte.
3. Vis ton deuil seul.
4. Sois patient.
5. Reste fort pour les autres.

Il existe plusieurs idées qui n'aident pas les personnes endeuillées. Les cinq idées énumérées jusqu'à maintenant représentent probablement celles avec lesquelles vous vous identifiez. Même si elles ne sont pas absolues, elles ont tout de même un caractère universel. La prochaine idée est tellement commune que plusieurs croient qu'elle est vraie et utile, ce qui est faux.

« Vous devez vous tenir occupé », et « vous devez demeurer actif » sont deux clichés que nous avons tous entendus à la suite d'une perte importante.

Signification : Tiens-toi occupé.

Voici une question importante. Est-ce que se tenir occupé aide à découvrir et accomplir la douleur découlant d'une perte? La réponse est bien évidemment « non ». Alors, qu'accomplissons-nous en nous tenant occupés? Nous ne faisons que nous distraire pendant que les jours passent.

Se tenir occupé enfouit la douleur découlant d'une perte sous une avalanche d'activités. Chaque personne endeuillée à qui nous avons parlé nous a dit « même si je me tiens occupé, à la fin de la journée, j'ai toujours ce vide dans mon cœur ».

En plus de vous fatiguer, vous tenir occupé comporte d'autres risques. Plus tôt, nous avons défini le deuil comme étant « les sentiments contradictoires suscités par la fin ou le changement d'un modèle habituel de comportement ». Une mort, un divorce, ou toute autre perte importante provoque d'énormes changements dans tout ce qui nous est familier. Il est très difficile de s'adapter à la vie après une perte. Si vous n'étiez pas une personne occupée avant cette perte, vous ne feriez qu'ajouter un autre changement à ce qui vous est familier si vous tentiez de vous tenir occupé.

Le plus grand risque de se tenir occupé est l'idée que vous vous sentiriez mieux par la suite. En vous tenant occupé, vous ne faites que vous distraire. Cela ne change aucunement le fait que vous devez prendre des mesures directes pour accomplir la douleur découlant d'une perte. Nous avons entendu la plainte suivante à plusieurs reprises : « Je ne comprends pas, je me suis tenu occupé, mais je ne me sens pas mieux. Au fait, je me sens pire. »

John et Russell, et peut-être même plusieurs d'entre vous ont été projetés dans un monde où il existe plusieurs fausses idées au sujet de la gestion d'une perte. Voici les six fausses idées que nous avons déterminées jusqu'à maintenant.

1. Ne t'en fais pas.
2. Remplace la perte.
3. Vis ton deuil seul.
4. Sois patient.
5. Reste fort pour les autres.
6. Tiens-toi occupé.

Aucune des idées ci-dessus ne mène aux mesures que nous devons prendre pour découvrir et accomplir les émotions inachevées qui s'accumulent dans toutes relations.

PARTICIPER À SON PROPRE RÉTABLISSEMENT

Précédemment, nous avons parlé du fait que les personnes endeuillées ont appris à s'isoler. Il se peut que vous vous soyez également isolé. Étant donné que l'isolement est l'un des problèmes auxquels les personnes endeuillées font face dans notre société, participer à son propre rétablissement est assurément une partie de la solution.

Pour vous encourager à participer à votre rétablissement, nous vous suggérons de commencer dès maintenant. À l'aide de la liste des six fausses idées que nous vous avons fournie, voyez si vous pouvez penser à d'autres idées qui vous ont été transmises ou qui ont influencé vos croyances à l'égard de la gestion de sentiments tristes, pénibles ou négatifs.

PERTE DE CONFIANCE

Il est tout à fait normal d'éprouver de la tristesse lorsque nous vivons un événement triste. Toutefois, chaque fois que nous exprimons nos réponses normales et naturelles, nous sommes confrontés à un ou plusieurs éléments de cette liste de fausses idées, le premier étant « ne t'en fais pas ».

John et Russell ont tous les deux approché leurs parents, leurs enseignants, leurs entraîneurs et d'autres personnes pour leur faire part de leurs expériences émotionnelles douloureuses, mais on n'a fait que leur donner des réponses de nature intellectuelle. L'accumulation de réponses inutiles s'est mise à se traduire par une perte de confiance.

Tandis que leur première perte de confiance s'est probablement manifestée à l'endroit d'un parent ou d'un autre adulte représentant une autorité, la couverture de méfiance a fini par s'étendre sur toutes les autres relations.

Le père de John était alcoolique. Lorsqu'il était en état d'ivresse, il lui donnait souvent une fessée en guise de punition pour des gestes qu'il n'avait pas commis.

Même si je lui disais que ce n'était pas de ma faute, il ne me croyait pas, et me punissait tout de

Étant donné que John n'a jamais reconnu ou réglé cette perte de confiance envers son père, sa méfiance à l'égard des adultes s'est intensifiée. Il faisait de moins en moins confiance aux gens, et était de plus en plus vigilant. Cela a eu pour effet de limiter sa vivacité et sa liberté. Ce manque de confiance a également limité le type de personne avec qui il pouvait entretenir une relation de confiance. Par conséquent, il est devenu méfiant de toutes personnes représentant l'autorité.

« Je ne dis pas que cette perte de confiance générale était bien. » La perte de confiance était douloureuse, alors John a appris que la solution était *d'éviter de faire confiance* dans le but d'éliminer le potentiel d'éprouver de la douleur.

La rupture entre John et sa première petite amie n'a fait que renforcer l'idée qu'il devait éviter de faire confiance aux autres. À partir de ce moment, il s'est aperçu qu'il avait de la difficulté à faire confiance aux femmes qu'il fréquentait. Il était plutôt timide et renfermé, puisqu'il craignait être blessé à nouveau. Nous connaissons plusieurs personnes endeuillées qui ont de la difficulté à établir de nouvelles relations, puisqu'elles ont peur de vivre une autre perte. La plupart d'entre vous ont acheté ce guide, car vous vous êtes rendu compte que quelque chose demeurait inachevé dans une relation interrompue en raison d'une mort, d'un divorce, ou d'un autre type de perte.

Ou, peut-être que ce guide vous a été donné par un ami ou un membre de votre famille bien intentionné.

À mesure que nous avançons dans le livre, et à mesure que vous participez aux actions qui mèneront à votre rétablissement, il se peut que vous reconnaissiez un sentiment de perte de confiance. Il nous est impossible de vous ordonner de vous sentir en sécurité ou de faire confiance à vos sentiments. Toutefois, nous pouvons vous affirmer que nous avons aussi éprouvé une perte de confiance à l'égard de nos sentiments. Tout comme vous, nous ne nous sentions pas en sécurité. Nous avons appris à convertir nos émotions en idées de nature intellectuelle, alors nous pensons tous qu'avoir des sentiments signifie que nous sommes défectueux. Poursuivez votre lecture, même si vous n'avez pas confiance en ce moment.

METTRE EN PRATIQUE LES BONNES IDÉES POUR CRÉER DES HABITUDES

Pourquoi nous obstinons-nous à essayer d'utiliser des informations qui n'ont pas fonctionné? Pour comprendre ce fait, il importe de connaître certains éléments sur cet ordinateur que nous appelons l'esprit.

Tout d'abord, l'esprit a uniquement accès à ce qu'il a appris. Il ne peut pas se servir d'informations qu'il ne connaît pas. Si nous avons seulement appris des idées erronées, nous avons uniquement accès à celles-ci. Ensuite, nous accordons de l'importance à l'information que nous entreposons dans notre esprit; plus la source d'information est importante, plus on s'accroche à l'idée qu'elle est vraie. La plupart des données apprises par John et Russell à l'égard de la perte proviennent de leurs parents. Pour un enfant, les parents sont une source d'information très importante. Enfin, la mission de l'esprit est de croire que tout ce qui y est entreposé est *toujours vrai!* Voilà pourquoi les gens se critiquent les uns les autres. Si vous croyez que vous avez raison, et les autres ne sont pas d'accord avec vous, alors ils ont forcément tort!

Voilà pourquoi nous nous obstinons à tenter de traiter les sentiments découlant d'une perte à l'aide d'idées erronées. Nous croyons que nos connaissances au sujet de la perte sont vraies. Le fait que vous lisez ce guide signifie que les mesures que vous avez prises ne vous ont pas procuré le soulagement et le sentiment de bien-être que vous cherchez et méritez.

Si vous acceptez le simple fait que vous avez mis en pratique de fausses idées et que vous vous êtes habitué à celles-ci, vous admettrez que la mise en pratique de certaines bonnes idées mènera à différents résultats. Nous vous fournirons les bonnes informations pour vous aider à découvrir et accomplir les émotions inachevées qui existent toujours entre vous et d'autres personnes, qu'elles soient vivantes ou mortes. Il est important de prendre et de mettre en pratique les mesures apprises dans ce guide.

4

Les autres sont mal préparés pour nous aider à gérer la perte

En lisant le chapitre 3, vous vous êtes probablement reconnu dans certaines des expériences décrites. Il se peut que vous ayez reconnu certaines des expériences que vous avez vous-même vécues lorsque vous étiez jeune, au cours desquelles vous avez appris à gérer les pertes de la mauvaise façon. Presque tout le monde qui vit dans notre société possède des informations quelconques, inadéquates et inappropriées, entreposées dans l'ordinateur de son esprit.

Il est tout à fait naturel et même sain pour les personnes endeuillées de chercher du réconfort auprès de ceux qui les entourent. Toutefois, en peu de temps, il devient très clair pour la personne endeuillée que les amis et les collègues de travail ne sont guère utiles. Souvent, même s'ils ont de bonnes intentions, ceux-ci tiennent des propos qui peuvent sembler inappropriés.

ILS NE SAVENT PAS QUOI DIRE

Commençons par l'une des phrases les plus couramment entendues par les personnes endeuillées. Que votre perte soit le résultat d'une mort, d'un divorce, ou de tout autre événement important, vous avez peut-être entendu la phrase suivante : « Je sais ce que vous ressentez. » Cette phrase est prononcée avec énormément de compassion et avec l'intention de consoler.

La plupart des personnes rapportent que ce commentaire a plutôt l'effet contraire. Si le commentaire est émis avec de bonnes intentions, pourquoi la plupart des personnes endeuillées réagissent-elles négativement? La réponse réside dans la confiance ultime envers le deuil et le rétablissement du deuil mentionné précédemment.

Toutes les relations sont uniques en soi, sans exception!

Ainsi, personne ne sait ce que vous ressentez.
Même un ami bien intentionné ayant vécu une perte parallèle ne sait pas ce que vous ressentez. Une perte semblable est un fait de nature intellectuelle.
Elle n'est pas bénéfique sur le plan émotionnel. Elle ne correspond pas à l'unicité de la relation personnelle. Le fait que ma mère est morte et que ta mère est morte n'est rien de plus qu'un fait intellectuel que nous partageons. Ce fait personnel n'est pas bien différent ou plus important que la pointure de nos souliers respectifs. Si cette phrase semble sévère, il est bien de notre intention. Nous devons tenter d'empêcher les liens intellectuels de neutraliser les vérités émotionnelles.

Par exemple, si la relation que vous entreteniez avec votre mère était chaleureuse, confortable, et pleine de soutien, et la mienne était plutôt orageuse, concurrentielle et douloureuse, savez-vous vraiment « ce que je ressens »?

Répétons-le :

Toutes les relations sont uniques en soi, sans exception!

Si vous apprenez à comprendre et à accepter ce simple fait, vous serez sur la bonne voie vers le rétablissement. Le rétablissement signifie de « découvrir et accomplir » ce qui était inachevé dans votre relation « unique ».

La majorité des personnes bien intentionnées qui nous entourent n'ont pas d'expériences en rétablissement de deuil « *réussies* » à partager. Ainsi, ils nous encouragent involontairement à *agir comme si nous étions rétablis*. Ce phénomène est devenu tellement répandu que nous avons décidé d'y consacrer notre prochain chapitre.

ILS CRAIGNENT NOS SENTIMENTS

Dès notre jeune âge, la société nous apprend qu'il est inapproprié d'avoir des sentiments tristes, pénibles ou négatifs et de les démontrer. Le tout commence par la réprimande suivante : « Les grands garçons et les grandes filles ne pleurent pas. » On peut même entendre certains parents dire « cesse de pleurer, sinon je te donnerai une raison de pleurer ».

Nous ne voulons pas que vous pensiez que les parents sont insensibles, puisque ce n'est pas le cas.
Ils ne font que transmettre à leurs enfants ce qu'ils ont appris. Ce qu'ils ont appris est que dans notre société, il n'est pas acceptable d'avoir des sentiments tristes, pénibles ou négatifs et de les démontrer.

Dans les terrains de jeux préscolaires, on peut déjà entendre les enfants se dire « pleurnichard, pleurnichard! » Il s'agit donc d'une preuve que cette leçon a déjà été apprise dès l'âge de quatre ou cinq ans.

Voici des exemples des phrases entendues tous les jours, qui démontrent la crainte que ressentent les autres lorsque nous démontrons nos sentiments.

«Ressaisis-toi.»   «
Ne t'écroule pas »
« Garde la tête haute. »
« Prends-toi en main. »

En tant que société, nous sommes mal à l'aise lorsque nous sommes aux prises avec des manifestations d'émotions pénibles. Ainsi est née une crainte de manifester ses sentiments normaux à la suite d'une perte émotionnelle.

ILS ESSAIENT DE CHANGER LE SUJET DE CONVERSATION

Il se peut que vous vouliez partager vos sentiments découlant d'un événement émotionnel important de votre vie à un ami. Vous vous souvenez peut-être même que votre ami vous a écouté pendant un moment, puis a répondu : « Cela semble affreux, mais as-tu vu ce qui se passe dans le marché boursier? »

Cet exemple, bien que typique, n'explique pas réellement ce qui se passe. Examinons un autre exemple de plus près :

Une personne endeuillée dont la mère vient tout juste de mourir essaie de communiquer avec un ami.

AMI : Comment vas-tu?

PERSONNE ENDEUILLÉE : J'ai le cœur brisé. Je m'ennuie tellement d'elle.

AMI : Ne t'en fais pas, elle ne ressent plus de douleur.

Remarquez ce subtil changement de sujet. La personne endeuillée est triste, et l'ami choisit plutôt de parler de la personne qui est morte. Ceci implique que si votre proche ne souffre plus, alors vous n'avez pas à souffrir non plus.

Il importe de noter que les compétences et les outils qu'utilise l'ami dans ce scénario ne sont ni meilleurs ni pires que celles qu'utilisent la plupart des personnes dans notre société. L'ami a été socialisé avec la même fausse idée que nous tous.

L'ami tente affectueusement d'exécuter la formation qu'il a reçue au cours de sa vie.

Cette attitude selon laquelle on veut changer de sujet a été présentée à l'écran au cours de l'émission de la chaîne ABC intitulée *20/20,* centrée sur le deuil causé par le décès d'un animal de compagnie. Cette émission était bien exécutée et tenait réellement compte des sentiments de la personne endeuillée. À la fin du segment, la caméra s'est redirigée vers Hugh Downs et Barbara Walters. On pouvait apercevoir des larmes dans les yeux de Walters. Tout juste avant la pause publicitaire, elle a prononcé cette dernière remarque : « Bon, avant que je me mette à pleurer, changeons de sujet. »

Le message transmis aux téléspectateurs à ce moment était clair : il n'est pas acceptable d'exprimer ses sentiments. En d'autres mots, on doit « gérer nos sentiments en changeant de sujet ».

ILS INTELLECTUALISENT

L'effort de transformer les émotions en quelque chose de nature intellectuelle auprès des personnes endeuillées est à la fois dangereux et contreproductif. Par définition, le deuil est la réponse émotionnelle à une perte. Bien que la cause de la perte soit de nature intellectuelle, la réaction à celle-ci est émotionnelle. Nous ne tentons pas d'impliquer qu'il est mal d'utiliser son intellect, mais où est-il écrit que nous ne pouvons pas employer à la fois notre intellect et nos émotions au besoin? L'un des plus beaux cadeaux de l'humanité est notre capacité de démontrer et de communiquer nos émotions.

Pourtant, la société semble voir ce cadeau d'un mauvais œil.

Notre recours à l'intellect aux dépens de nos sentiments a pris une ampleur épidémique, surtout lorsqu'il est question de deuil. L'une de ces raisons est que le décès d'un proche ne se produit pas tous les jours. Si l'on se fie aux statistiques, nous vivrons le décès d'un proche tous les neuf à treize ans. Même lorsque combiné avec d'autres pertes émotionnelles importantes, un événement de deuil important a lieu si peu souvent que nous n'avons jamais l'occasion de nous familiariser avec l'expérience. En raison de notre manque de connaissances personnelles, nous continuons l'habitude de gérer les pertes en fonction de fausses idées. Cette habitude ne nous permet donc pas de tourner la page adéquatement. Il n'est donc pas surprenant que les personnes abordent la douleur émotionnelle de façon intellectuelle. Étant donné que nous dépendons de notre intellect tous les jours, nous avons plus d'expérience avec celui-ci.

Selon les sondages informels que nous menons lors de chacun de nos séminaires, quatre commentaires sur cinq qu'entendent les personnes endeuillées à la suite de la perte d'un proche en moyenne sous-entendent qu'elles ne devraient pas exprimer les sentiments qu'elles ressentent. Habituellement, les réactions qu'elles obtiennent traitent plutôt de l'intellect. Des chercheurs ont mené une étude sur les phrases habituellement entendues tout juste après le décès. Plusieurs de ces commentaires sont si courants qu'il est possible de les identifier et de les diviser en deux catégories : (1) ceux qui aident les personnes endeuillées et (2) ceux qui ne les aident pas. Les commentaires qui n'aident pas les personnes endeuillées sont bien intentionnés, mais font appel à l'intellect ou fournissent des conseils qui sont difficiles à suivre, voire dangereux, comme :

« Sois reconnaissant du fait que tu as un autre fils. »   « Les vivants doivent continuer de vivre. »

« Il nous a quittés pour un monde meilleur. »

« Tout doit passer. »

« Elle a mené une vie bien remplie. »

« Tu trouveras l'amour à nouveau. » « Dieu ne nous éprouve jamais au-delà de nos forces. »

« Sois reconnaissant de tout le temps passé avec lui. »

Nous, en tant que personnes endeuillées, avons tous entendu les commentaires ci-dessus. Étant donné que la personne endeuillée souffre grandement sur le plan émotionnel, ces commentaires, qui traitent tous de l'intellect, sont très inappropriés. Le divorce et les autres types de perte émotionnelle importante engendrent des commentaires semblables d'amis bien intentionnés.

ILS NE NOUS ENTENDENT PAS

Évitons de limiter la discussion aux commentaires entendus après un décès ou un divorce. La situation suivante, qui n'a rien à voir avec ces deux types de perte, illustre comment les autres répondent souvent inadéquatement à nos sentiments normaux. Une amie avait organisé une fête. Sa fille adolescente, Mary, y avait invité trois de ses meilleurs amis. Comme la fête commençait, le téléphone sonna à plusieurs reprises. Les trois amis de sa fille avaient tous appelé pour dire qu'ils ne viendraient pas. Mary était très contrariée. Elle est allée raconter à sa mère ce qui venait de se produire. Sa mère lui a répondu : « Ne t'en fais pas, il y a tout de même plusieurs personnes bien sympathiques ici. » Vous vous souvenez lorsque la chienne et le grand-père de John sont décédés, la première réponse était toujours « ne t'en fais pas ». Nous voilà dans la même situation; on nous dit d'éviter de ressentir les sentiments que vous ressentez, puisqu'il n'est pas bien d'avoir des sentiments tristes, pénibles ou négatifs, et que nous devons trouver des sentiments plus acceptables, plus positifs.

Heureusement, un bon ami de la famille se tenait tout près. Mary a décidé de tenter sa chance à nouveau, pour voir si une autre personne l'écouterait. Elle lui a raconté ce qui s'est passé. L'ami l'a écoutée, puis lui a répondu : « Aïe, tu dois être *très* déçue. » « Oui », lui a-t-elle répondu entre deux sanglots. Elle a ensuite fait un câlin à l'ami, l'a remercié de l'avoir écoutée, s'est essuyé le visage, puis est allée s'amuser à la fête, *après* qu'une personne a entendu et reconnu ses sentiments.

Les personnes endeuillées veulent et ont besoin d'être *entendues,* et non qu'on leur dise quoi faire pour se sentir mieux. Dans cette histoire vraie, l'ami de la famille n'a rien résolu; il n'a fait qu'entendre les émotions qu'on lui communiquait. C'est tout ce dont Mary avait besoin. Elle a ensuite pu prendre la décision intellectuelle de tirer profit du reste de la soirée, même si celle-ci ne se déroulait pas comme prévu. Dans une certaine mesure, il suffit d'être entendu pour mener à bien son rétablissement de deuil.

ILS NE VEULENT PAS PARLER DE LA MORT

Une autre forme de distraction est la façon dont les gens parlent, ou évitent de parler de la mort. En fait, nous évitons tellement de parler de la mort, que certains d'entre nous ne peuvent prononcer le mot *mort.* Pensez-y bien :

> « Elle s'est éteinte. »
> « Il est au repos éternel. »
> « Papa est parti. »
> « Il a rendu l'âme »
> « Nous avons perdu Maman. »

Imaginez comment ces phrases résonnent dans la tête de jeunes enfants, qui s'attendent à entendre des réponses honnêtes.

> *Qu'est-il arrivé à Grand-papa?*
> *Grand-papa s'est endormi.*

L'enfant regarde son grand-père dans le cercueil, et sait que quelque chose cloche dans cette réponse. Il est donc désorienté, mais il suppose qu'on lui a dit la vérité. Il doit assurément y avoir deux types de sommeil. Il passe alors les six prochains mois à avoir peur de dormir la nuit.

Nous regrettons aussi de dire qu'on a donné une mauvaise réputation à Dieu auprès des enfants.

Qu'est-il arrivé à Papa?
Dieu l'a appelé pour qu'il rentre chez lui.

Au cours des prochaines années, l'enfant éprouve de la colère et de la confusion envers Dieu. Ne pensez-vous pas qu'il convient de dire à l'enfant ce que les parents croient être la vérité? « Ton père est mort. Et nous croyons qu'après sa mort, il est parti rejoindre Dieu. »

Généralement, il vaut mieux éviter toutes métaphores lorsqu'on parle de la mort aux enfants. De jeunes esprits en développement n'ont pas toujours la capacité de faire correspondre la réalité et les images métaphoriques.

DÉFORMATIONS PROFESSIONNELLES

Nos croyances définissent comment nous nous sentons. Si nous avons de fausses idées, nous sommes susceptibles de produire de mauvais sentiments. Le deuil semble être le domaine le plus entouré de fausses idées, si bien qu'on remplace souvent le mot *deuil* par des termes inexacts qui portent à confusion.

Lorsqu'une mort a lieu, une personne vit un deuil. Le deuil est la gamme d'émotions humaines naturelles qui accompagnent la perte. Lorsque le deuil est mal défini, une personne endeuillée est involontairement découragée de suivre la séquence d'émotions et d'actions naturelles qui pourraient mener au rétablissement. Le deuil est la réponse normale à une perte. En soi, il ne s'agit ni d'une condition pathologique ni d'un trouble de la personnalité. La pression, l'épuisement

Professionnel, le stress, le trouble de stress post-traumatique (TSPT) ou le trouble déficitaire de l'attention ne sont que des exemples de fausses étiquettes attribuées au deuil. Ces termes comportent une signification et de la valeur s'ils sont utilisés dans le bon contexte, mais deviennent dangereux et trompeurs s'ils ne le sont pas.

Le terme *dépression* est peut-être celui qui est le plus mal utilisé et mal compris quand il est question de deuil. Malheureusement, c'est le mauvais usage de ce mot en particulier qui a mené à une épidémie d'interventions pharmacologiques liées au deuil.

Notre souhait est que ce guide vous aide, sans vous sembler comme un manuel de cours. Afin d'assurer la simplicité, laissez-nous vous donner une idée de ce que nous voulons dire. La dépression clinique, comme le définit un psychiatre ou un psychologue, comprend beaucoup des mêmes symptômes que rapporte une personne endeuillée après un décès ou un divorce. Lorsque les personnes en deuil utilisent le mot *dépression,* elles signifient habituellement « une diminution au niveau de l'état affectif ou de l'énergie ». Si une personne perdait son conjoint des quarante dernières années, ne ressentirait-elle pas une diminution au niveau de l'énergie? Cette personne n'aurait-elle pas droit à des sentiments atténués pendant qu'elle s'adapte à sa nouvelle réalité, qui est fort probablement douloureuse et déroutante? Selon nous, la réponse est oui.

Bien des personnes sont conditionnées à rechercher une solution médicale pour des problèmes non médicaux. Ceci peut s'avérer dangereux. Le traitement du deuil par l'entremise de médicaments psychotropes peut dissimuler les réactions normales et naturelles à la suite d'une perte. Une fois ses émotions enterrées, il peut être difficile de les faire revenir à la surface plus tard.

D'un point de vue de rétablissement de deuil, la pharmacothérapie entre dans la catégorie des comportements de soulagement à court terme (*shortterm energy-relieving behaviours* ou *STERB*). Il ne fait aucun doute que les médicaments peuvent détourner notre attention et nous distraire. Dans certains cas, une personne peut tirer profit d'une utilisation à court terme de médicaments psychotropes à faible dose. Le danger repose dans l'illusion de bien-être qui accompagne habituellement un traitement de la sorte. Cette illusion est susceptible de mener à une dépendance à long terme du médicament.

Il se peut que les professionnels ou des membres de la famille vous poussent à commencer un traitement médicamenteux à la suite d'une perte. Essayez de vous rappeler que ceux-ci ont également été socialisés dans le même monde qui nous a appris à réagir aux sentiments à l'aide de substances. « Ne t'en fais pas. Mange des biscuits et bois du lait, tu te sentiras mieux. » Soyez attentifs aux idées parallèles, notamment : « Ne t'en fais pas, avale une pilule, tu te sentiras mieux. »

Nous savons tous que pendant cette période de vulnérabilité, il peut être difficile de prendre des décisions éclairées. Nous vous suggérons alors d'essayer d'accepter la douleur normale découlant de votre perte, et d'essayer le programme de rétablissement décrit dans le présent guide. Si vous avez de la difficulté, vous pouvez toujours vous tourner vers les médicaments en deuxième lieu. Nous n'essayons pas de promouvoir la douleur. S'il existait un moyen plus simple et facile de vivre cette expérience, nous vous le partagerions. Le deuil est douloureux, comme il se doit. Notre expérience avec le deuil démontre clairement qu'une approche naturelle par rapport au deuil comporte bien plus d'avantages à long terme que toute autre option.

ILS VEULENT QUE NOUS GARDIONS LA FOI

En 1969, le frère cadet de John est mort. John se souvient qu'on lui avait dit « Tu ne dois pas être en colère contre Dieu. »

John savait qu'il ne devait pas être en colère contre Dieu, mais il l'était tout de même. Personne ne lui avait dit que la colère contre Dieu est une réaction typique à la suite d'une mort prématurée. Nous nous sommes fiés à notre intellect pendant des années, alors nous cherchons à trouver des raisons qui nous permettront de mieux comprendre ce type d'événement. Lorsque nous ne pouvons pas trouver une raison valable, nous rejetons la faute sur Dieu.

Cette colère s'estompera si l'on nous permet d'exprimer ce sentiment. Il importe de pouvoir dire à quiconque que nous sommes en colère contre Dieu, sans craindre d'être jugés, ou qu'on nous dise que nous ne sommes pas une bonne personne. Sinon, cette colère peut perdurer et nuire à notre croissance spirituelle. Nous avons connu des personnes qui ne sont jamais revenues à leur religion, puisqu'elle ne les permettait pas d'exprimer leurs vrais sentiments. Dans un tel cas, la personne endeuillée est privée de l'une des sources de soutien les plus puissantes qui s'offrent à elle.

Foi et sentiments : deux concepts différents

Au cours des dernières années, nous avons jugé pertinent de demander aux personnes endeuillées d'établir une distinction entre la foi et les sentiments. Nous sommes conscients que cette idée peut sembler étrange, mais la plupart des personnes savent où nous voulons en venir. Jusqu'à présent, nous avons traité les émotions et l'intellect. Maintenant, nous devons traiter l'aspect spirituel du deuil. Il est possible de trouver un lien de cause à effet direct entre les pensées intellectuelles et les sentiments qui s'ensuivent, mais il n'en est pas le cas pour la foi. La foi ne nécessite pas de raison; elle est spirituelle, et non émotionnelle ou intellectuelle.

Voici deux scénarios possibles à la suite d'une perte : (1) votre foi religieuse ou spirituelle est ébranlée ou fracassée, ou (2) peu importe la nature de la perte, votre foi demeure inébranlable. C'est plus couramment le décès d'un enfant ou un accident soudain qui créent une rupture majeure dans la foi d'une personne. Nous suggérons que la personne endeuillée travaille tout d'abord sur sa relation avec la personne qui est morte. Habituellement, après avoir accompli la douleur causée par cette perte, la foi revient de façon naturelle et, souvent, celle-ci gagne même en intensité. Si la foi ne revient pas, nous aidons ces personnes à gérer leur perte de confiance en Dieu. Nous employons les mêmes principes pour accomplir des pertes de confiance envers des parents, des docteurs, des membres du clergé ou des thérapeutes.

Dans le cas des personnes pour qui la foi demeure inébranlable, nous encourageons celles-ci à utiliser le pouvoir de leur foi pour leur donner le courage de prendre les mesures nécessaires au rétablissement du deuil. Encore, en utilisant la métaphore de la crevaison, nous offrons deux choix : (1) s'asseoir près du pneu crevé et prier à Dieu pour que l'air y revienne seul, ou (2) appeler l'association automobile, puis prier à Dieu pour qu'il fasse en sorte qu'elle arrive rapidement sur les lieux.

Le deuil non résolu est toujours une question de communications émotionnelles non livrées qui se sont accumulées au sein d'une relation au fil du temps. La foi et la prière sont de bons outils à appliquer dans son quotidien. Toutefois, la foi et la prière à elles seules ne suffisent pas à découvrir et accomplir ce qui est inachevé.

En termes religieux, on dit que Dieu aide les personnes qui s'aident elles-mêmes. Nous sommes en accord avec cette affirmation. Nous croyons qu'en nous aidant nous-mêmes, nous prenons les mesures nécessaires au rétablissement du deuil et que nous découvrons et accomplissons ainsi ce qui demeure inachevé pour nous dans nos relations.

5

Rétablissement digne d'un Oscar

Dans le chapitre précédent, nous avons mentionné le fait que la société nous apprend à *agir comme si nous étions rétablis.* Il importe grandement de comprendre cet aspect du deuil. Une fausse image du rétablissement constitue l'obstacle le plus courant chez les personnes endeuillées, et celles-ci doivent le surmonter si elles espèrent surmonter leur perte.

Nous appelons cela le *rétablissement digne d'un Oscar (ou Academy Award Recovery, en anglais).* Nous pourrions aussi l'appeler le « je vais bien », ou « je souris pour paraître heureux », ou « je dois bien aller pour la famille et les amis », ou « je veux aider les autres ». Vous vous demanderez peut-être combien de visages qui semblent dire « je prétends être rétabli » vous utilisez actuellement. La plupart d'entre vous savent déjà de quoi nous parlons.

Dans le chapitre précédent, nous avons également discuté de la façon dont les personnes qui entourent la personne endeuillée réagissent pendant une perte. Nous avons démontré que la vaste majorité des commentaires qu'entend une personne endeuillée font appel à l'intellect, et n'encouragent pas l'expression de ses sentiments. Une telle intellectualisation ne fait qu'accroître le sentiment d'isolement de la personne endeuillée, et crée un sentiment d'être jugé, évalué, et critiqué. En peu de temps, la personne endeuillée découvre qu'elle doit, en effet « agir comme si elle est rétablie » afin d'être traitée de façon raisonnable.

IDÉALISATION OU DIABOLISATION?

Pour tenter d'être acceptées et de paraître comme si elles sont rétablies, les personnes endeuillées essaient de miser uniquement sur les bons souvenirs. Dans le contexte du deuil inachevé, on appelle cela

« l'idéalisation ». L'idéalisation, dans sa forme la plus nuisible, peut comprendre la création obsessive de mémoriaux au nom de la personne décédée. Elle peut se manifester par la conservation d'un grand nombre d'objets qui représentent cette personne. La mère qui n'a apporté aucun changement à la chambre de sa fille même si elle est décédée depuis plus de cinq ans constitue un exemple d'idéalisation.

Bien que moins critique, mais tout aussi restrictif, il y a le type d'idéalisation qui ne permet tout simplement pas à la personne endeuillée de bien examiner tous les aspects de la relation. Bien des personnes endeuillées limitent leurs pensées et leurs sentiments aux bons souvenirs ou aux remarques positives au sujet de la personne décédée. L'idée qu'on « ne doit pas dire du mal des morts » est un exemple d'information inutile. Nous n'encourageons personne à dénigrer une autre personne, que celle-ci soit vivante ou morte. Nous tentons tout simplement de suggérer qu'il est quasi impossible d'accomplir la douleur résultant d'une mort, d'un divorce ou d'un autre type de perte importante sans examiner tous les aspects de la relation, et non seulement les aspects positifs. La diabolisation est le contraire de l'idéalisation. La personne endeuillée a une série de plaintes qui détaillent toute une vie de maltraitance. Elle refuse de renoncer à la déception et à la colère. La personne endeuillée qui pratique la diabolisation s'accroche aux aspects négatifs de la relation, tout comme celle qui pratique l'idéalisation s'accroche aux aspects positifs de la relation. Ni l'une ni l'autre ne tient compte de la relation dans son ensemble.

Toutes les relations comprennent des interactions positives et négatives. Nous savons qu'une personne peut seulement accomplir son deuil si elle est complètement honnête avec elle-même ainsi qu'avec les autres.

NOUS CHERCHONS L'APPROBATION DES AUTRES

Nous aimons tous les éloges et les compliments. Nous aimons tous l'approbation. Nous voulons tous être perçus comme étant intelligents, forts et matures. Nous cherchons tous à nous sentir comme si nous faisions partie du groupe. On nous apprend ce besoin au cours de la petite enfance, et celui-ci est souvent renforcé au point à devenir une obsession.

Plus tôt, nous avons mentionné qu'un grand pourcentage des remarques faites aux personnes endeuillées à la suite d'une perte ne les aide aucunement. On avise aux personnes endeuillées de prendre des mesures qui ont seulement pour but de les distraire ou de convertir leurs sentiments en idées intellectuelles. Étant donné que l'approbation est un aspect puissant de nos compétences sociales, nous tentons de nous conformer aux idées qui nous sont suggérées après une perte.

Lorsque son nouveau-né est mort, John a senti son cœur se déchirer. Voici les remarques qu'on lui a faites à ce moment :

« Toi et ton épouse devez être reconnaissants que vous pouvez avoir d'autres enfants. »

« Le destin en a décidé autrement. »

« Vous êtes assez forts pour vous en remettre. »

Même si elles sont vraies sur le plan intellectuel, ces remarques n'ont tout de même pas aidé John à gérer ses sentiments. John s'est senti comme si ses amis ne voulaient pas entendre parler de ses sentiments, mais il ne voulait pas être seul. Ainsi, la question était la suivante : comment pouvait-il partager ses sentiments de façon honnête sans faire fuir quiconque?

Lorsque Russell et sa première épouse ont divorcé, voici ce que ses amis bien intentionnés lui ont dit :

« Tu vas trouver quelqu'un de mieux. » « Elle n'était pas la bonne personne pour toi. »

Russell avait besoin d'être entendu, ce qui est normal, mais les commentaires qu'il a reçus l'ont empêché de parler à quiconque et, par inadvertance, l'ont encouragé à intérioriser ses sentiments.

John et Russell cherchaient tous deux à obtenir l'approbation des personnes de leur entourage. Ils n'en pouvaient plus de se sentir tristes, mais ils ne se sentaient pas appuyés par leur famille et leurs amis dans leurs efforts pour se sentir mieux. Ainsi, ils ont opté pour le rétablissement digne d'un Oscar. Ils ont commencé à agir comme s'ils étaient rétablis même si, au fond, ils ne l'étaient pas. Leur jeu d'acteur était si bon qu'ils se sont presque convaincus qu'ils se sentaient mieux, même si ce n'était pas le cas.

« JE VAIS BIEN » : LE MENSONGE COMMUN

Notre travail avec des personnes endeuillées partout au pays nous a permis de croiser certaines des personnes qui, à première vue, sont les plus sereines au monde. Elles paraissent bien, semblent bien, et tentent même de nous convaincre qu'elles se sentent bien. Lorsque nous rencontrons des personnes qui viennent tout juste de vivre un deuil, nous leur demandons comment elles se sentent. La réponse est toujours la même : « Je vais bien. »

Lorsque nous prononçons des discours à de grands groupes, nous demandons souvent combien de personnes aiment qu'on leur raconte des mensonges. Bien sûr, personne ne lève la main.

Ensuite, nous leur demandons combien d'entre elles ont menti au sujet de leurs sentiments à la suite d'un événement triste ou douloureux. Cette fois, toutes les mains s'élèvent. Il est triste lorsque nous nous rendons compte qu'on nous a appris à mentir au sujet de nos sentiments, par crainte d'être jugés ou critiqués.

Le danger de la phrase « je vais bien » est qu'elle n'aide pas à réparer un cœur brisé. Dire « je vais bien » ne fait que nous distraire ainsi que ceux qui nous entourent, tandis que la douleur et la solitude persistent à l'intérieur. Cette phrase produit le même effet qu'une croûte sur une lésion qui s'est infectée, sous laquelle on retrouve tout un gâchis.

NOUS COMMENÇONS À PERDRE ÉNORMÉMENT D'ÉNERGIE

Lors de nos discussions avec des milliers de personnes endeuillées, rares sont les fois où l'une d'entre elles a contesté lorsque nous lui avons dit qu'il semblait qu'elle manquait d'énergie. Parfois, la personne endeuillée a seulement l'énergie nécessaire pour se lever du lit et vivre en mode « pilote automatique » pendant des jours, des semaines, des mois, ou même toute une vie.

Un deuil non résolu consomme énormément d'énergie. La plupart du temps, le deuil demeure enterré juste en dessous de la surface, et *seuls les symptômes sont traités*. Beaucoup de personnes, surtout des professionnels en santé mentale, ne comprennent pas qu'*une perte non résolue est cumulative, et cumulativement négative*. Il est raisonnable d'affirmer que l'énergie humaine est utilisée à bon escient lorsqu'il y a harmonie entre notre corps et notre esprit. Un deuil non résolu a pour effet de nous séparer de nous-mêmes. Par exemple, combien de fois vous est-il arrivé de conduire votre voiture, puis de vous rendre compte que pendant les dix dernières minutes, votre esprit était ailleurs que dans la voiture? Vous étiez dans votre tête, vous teniez une conversation avec une personne qui n'était pas physiquement présente dans la voiture, et vous êtes miraculeusement toujours en vie. Souvent, vous entretenez ces conversations fantômes avec une personne qui est morte ou un ex-conjoint. Généralement, ces conversations représentent un aspect d'une affaire émotionnelle qui demeure en suspens entre vous et une autre personne, qu'elle vous soit chère ou qu'elle soit morte. S'accrocher à ces émotions inachevées consomme une vaste quantité d'énergie.

NOUS VIVONS UNE PERTE DE VITALITÉ

Étant donné qu'elles vivent dans la déception du rétablissement digne d'un oscar, plusieurs personnes vivent un type de faux rétablissement en fonction de leur bon jeu d'acteur. Ce faux rétablissement peut mener à une perte de vitalité et de spontanéité presque impossible à surmonter. Bien des personnes tombent dans le piège du désespoir silencieux, où elles se sentent parfois bien, parfois moins bien, sans être capables de retrouver pleinement le bonheur ou la joie.

Nous payons cher pour les fausses informations qu'on nous donne au sujet de la gestion d'une perte. Chaque fois qu'une perte n'est pas bien conclue, nous limitons de plus en plus notre vitalité. La vie devient alors quelque chose que l'on doit endurer; le monde semble être un endroit hostile dans lequel on doit vivre. En raison de fausses informations, nous n'avons jamais la chance de gérer efficacement les pertes que nous avons vécues.

Quelques-uns d'entre vous lisent le présent guide pour des raisons autres que la mort ou le divorce. Il se peut que vous réfléchissiez à votre enfance; votre vie s'annonçait heureuse et joyeuse. Toutefois, en raison de nombreuses petites pertes non résolues au fil du temps, il se peut que vous vous soyez réveillé un matin simplement pour vous rendre compte que votre vie ne s'est pas déroulée comme vous l'aviez prévu.

D'autres d'entre vous ne se souviennent peut-être pas d'avoir cru un jour que la vie allait être merveilleuse. Pour vous, il y a peut-être un sens cumulatif que vous vivez une vie malheureuse, mais que vous n'avez jamais rien connu autre que le mécontentement. Vous n'avez que peu ou pas vécu d'événements joyeux.

Peu importe le cas, vous avez peut-être essayé d'améliorer votre bonheur et votre bien-être de plusieurs façons. La thérapie, les croyances religieuses ou spirituelles, ou les programmes en douze étapes vous ont peut-être donné une perspective et des outils utiles. Pourtant, vous avez toujours un sens d'inachèvement par rapport à votre passé, un sentiment qui diminue vos espoirs à l'égard de l'avenir.

Poursuivez votre lecture, car ce guide s'adresse à vous également.

DEUXIÈME PARTIE

Se préparer au changement : début du rétablissement

Le rétablissement d'une perte se fait par une série de petits choix éclairés effectués par la personne endeuillée. Vous avez déjà fait quelques choix éclairés :

Vous avez reconnu qu'il existe un problème.

Vous avez reconnu que ce problème est associé à la perte.

En commençant à lire ce guide, vous avez reconnu que vous êtes maintenant prêt à prendre les mesures nécessaires pour accomplir votre deuil.

Les quatre prochains chapitres traiteront des premières mesures à prendre pour surmonter une perte. Votre réussite à passer au travers du deuil dépendra de votre volonté à respecter chacune des mesures énoncées lors de votre parcours.

6

Votre premier choix : choisir de vous rétablir

Pour choisir de se rétablir, on doit savoir quand et par où commencer. Trois mots nous aident à entamer le processus de rétablissement : *autrement, mieux, ou plus intensément.*

Que la perte se manifeste par la mort d'un proche, un divorce ou un éloignement pénible de quelqu'un, la question suivante vous aidera toujours à trouver ce qui est inachevé : « Qu'auriez-vous souhaité vivre *autrement, mieux ou plus intensément?* » Revenons à l'histoire de la journée du décès du grand-père de John.

Lorsqu'on a envoyé John au bureau du directeur pour être seul, cela n'a servi qu'à renforcer la leçon qu'il s'était fait dire toute sa vie : il ne faut pas parler de ses sentiments. Quand John réfléchissait à sa relation avec son grand-père au bureau du directeur, il voulait remercier son grand-père pour tout ce qu'il lui avait appris. John repoussait toujours à plus tard l'expression de ses sentiments. Lorsque son grand-père est décédé, il était trop tard; John ne pouvait plus le remercier. Voilà une des choses qu'il aurait souhaité vivre *autrement, mieux ou plus intensément.*

John a commencé à avoir des remords à propos de ses choix. Beaucoup de gens considèrent à tort ce sentiment comme étant la culpabilité. Le fait de vouloir que l'on ait vécu quelque chose **autrement, mieux ou plus intensément** n'est pas la même chose que de se sentir coupable.

Si nous ne déterminons pas ce que l'on aurait pu vivre *autrement, mieux ou plus intensément,* nous commençons à attribuer nos émotions négatives au décès ou à une perte quelconque. Tant et aussi longtemps que nous croyons que quelque chose ou quelqu'un est responsable de nos émotions, il nous est impossible de nous rétablir.

QUI EST RESPONSABLE?

Après que l'on reconnaît que l'expression « le deuil passe avec le temps » est trompeuse, le prochain obstacle le plus difficile à affronter pour les personnes endeuillées est l'idée fausse selon laquelle d'autres personnes ou événements sont responsables de leurs sentiments. On a tendance à dire les choses suivantes :

« Telle ou telle personne m'a fâchée. »
« Telle ou telle personne a gâché ma journée. »
« Tout irait bien si telle ou telle personne
    n'avait pas fait cela. »

Cette attitude de non-responsabilité à l'égard de ses propres sentiments et actions est fortement répandue. Elle découle également de « l'apprentissage par l'observation » lors de la jeunesse.

La maman dit à son enfant « Tu me rends   heureuse. »
Le papa dit : « Je suis fier de toi ».
La maman dit : « Ne mets pas ton papa en colère ».

Lorsque l'enfant se fait dire que ses actions peuvent provoquer certains sentiments chez Maman et Papa, l'enfant se dit que le contraire doit également être vrai. *Si je peux faire en sorte que Maman et Papa se sentent d'une certaine façon, ils peuvent faire la même chose pour moi.* Cette façon de penser contribue grandement à la mentalité de la « victime » qui s'est glissée dans tant d'aspects de la vie moderne.

Pour reformuler ce qu'a dit Eleanor Roosevelt, *personne ne peut vous porter à vous sentir mal envers vous-même sans votre permission.* Mais même en ayant cette pensée à l'esprit, aussi vraie soit-elle, il s'avère de plus en plus difficile pour les gens de se défaire de cette idée que les autres sont responsables de leurs sentiments. Lorsque nous considérons que les autres personnes et événements sont 100 % responsables de nos sentiments, ils deviennent également responsables de les faire disparaître.

Nous utilisons souvent une histoire, que nous appelons « En route vers le bureau » pour illustrer ce concept.

Un matin, un homme se dirige vers son bureau en voiture. Il arrive à un feu rouge et s'arrête, comme tout citoyen respectueux des lois. En attendant le feu vert, il se met à rêvasser. Pendant ce temps, le feu passe du rouge au vert. Notre ami n'a pas vu que le feu était vert, mais le conducteur de la voiture qui le suit l'a vu. Lorsque la voiture de notre ami n'avance pas, le conducteur derrière lui klaxonne pour lui signaler que le feu est maintenant vert. Notre ami baisse sa vitre et remercie l'autre conducteur de lui avoir klaxonné pour lui faire savoir que le feu était vert.

Ne nous faisons pas d'illusions; nous connaissons tous la vraie fin de cette histoire.

Notre ami devient gêné et personne n'aime être gêné. Il ne veut surtout pas être responsable d'avoir provoqué sa propre gêne. Tout au long de sa vie, il était aussi coupable de juger que les autres étaient responsables de ses sentiments. Donc, au lieu de remercier le conducteur de lui avoir signalé que le feu était passé au vert, il se dit : « Grrr, il me met tellement en colère, celui-là! »

Presque immédiatement, il se met à penser à toutes sortes de plans et de manigances pour sauver la face ou se venger. Il baisse sa vitre, sort sa tête, et fait exactement ce qu'il a appris à faire lors d'une séance d'auto-assistance à laquelle il a participé il y a deux ans : il s'exprime. « Hé! Laisse-moi tranquille, l'ami! »

Il se met alors à conduire un peu plus lentement devant l'autre conducteur afin de le punir pour avoir gâché sa journée. Il sait que c'est lui qui a raison dans ce cas!

Notre ami est fâché et il ne peut pas voir qu'il est lui-même l'architecte de son inconfort. Il ne reconnaît pas qu'il est effectivement responsable des sentiments entraînés par ses attitudes et ses actions.

Qu'est-ce qui gâche un pique-nique : la pluie, ou notre attitude face à la pluie? Il s'agit d'une question piège; les deux réponses sont bonnes. Effectivement, la pluie gâche le pique-nique, mais nous ne pouvons rien faire contre la pluie; nous pouvons seulement contrôler notre réaction face à la pluie. Il en est de même pour presque toute forme de perte. Qu'est-ce qui a provoqué mon deuil : la perte, ou ma réaction face à cette perte? Encore une fois, les deux réponses sont bonnes. Nous ne pouvons rien faire pour ce qui s'est produit, mais nous pouvons contrôler notre réaction. Nous pouvons acquérir des compétences pour nous aider à accomplir notre relation avec la peine, la déception, la frustration, et le chagrin qui découlent de ce qui s'est produit.

Certaines personnes sont prêtes à croire qu'un autobus en retard ou une assiette d'œufs servis froids signifient qu'il y a complot international. D'autres croient que le gouvernement ruine leur vie, ou que leur patron est la cause de leur misère. Tout cela se résume en la croyance que « ce sont eux qui me mettent en colère ». Cette pensée mène à des réactions critiques presque automatiques face à tout ce que nous considérons à tort comme étant responsable de nos sentiments. Nous devenons des experts dans l'examen *d'autrui* plutôt que dans l'examen de *soi*.

Pendant notre enfance, nous ne pouvions pas changer les actions de nos parents ni des autres adultes. Après l'enfance, à mesure que nous vieillissons, nous pouvons prendre conscience de certains événements qui se sont produits avant que nous possédions le pouvoir de les changer. Nous devons assumer la responsabilité pour notre *réaction actuelle* face aux événements du passé, sinon nous nous sentirons toujours comme une victime.

Il est déjà difficile de passer au travers des choses horribles qui nous arrivent; celles-ci deviennent épouvantables lorsque nous alimentons et recréons nous-mêmes la douleur avec nos propres souvenirs. Ce problème s'aggrave par le fait que nous ne disposons pas des compétences appropriées pour accomplir la douleur provoquée par nos souvenirs

d'événements qui ont eu lieu il y a longtemps.

Nous sommes portés à croire, à tort, que nous sommes les victimes des événements et que nous sommes impuissants face à nos réactions à ces événements, ainsi qu'aux pensées, aux sentiments et aux actions d'autrui. Voilà pourquoi nous croyons inévitablement que seule la pluie est responsable de notre déception. La plupart des gens se font dire de « lâcher prise » et que « ce qui est fait, est fait ». L'idéal serait que le cerveau et le cœur humain puissent simplement ignorer les problèmes et passer à autre chose; malheureusement, les choses ne fonctionnent pas ainsi. Rien ne peut changer avant que vous assumiez la responsabilité pour votre propre rétablissement. Afin de vous aider à vous défaire de l'habitude de vous sentir comme la victime à 100 % d'une perte, voici une nouvelle idée à adopter : commencez par assumer 1 % de la responsabilité pour ce qui demeure inachevé. Tout comme une petite clé peut ouvrir une grande porte, 1 % de la responsabilité peut vous ouvrir l'esprit et le cœur au chemin vers le rétablissement. Pour maintenant, ceci consiste à poursuivre votre lecture afin que vous puissiez trouver la solution.

VOTRE DEUXIÈME CHOIX : TRAVAILLER
SEUL OU AVEC UN PARTENAIRE

Dans un monde idéal, le processus de rétablissement du deuil aurait lieu au sein d'un groupe. Les histoires que racontent les autres personnes stimulent et aident la personne qui les écoute à se créer des images-souvenirs précises de ses propres pertes. Il est possible que vous lisiez ce guide parce que vous n'avez pas l'accès direct à l'un de nos séminaires sur le rétablissement du deuil (*Grief Recovery Seminars*) ou à nos programmes d'aide au rétablissement du deuil (*Grief Recovery Outreach Programs*).

Dans la première édition du *Guide de rétablissement du deuil,* on dit que l'on ne peut pas se rétablir du deuil seul; il faut travailler avec un partenaire. Malheureusement, beaucoup de lecteurs abandonnent leur lecture en lisant ces lignes. Par conséquent, ces lecteurs n'ont pas pris les mesures qui mènent au rétablissement d'une perte émotionnelle importante. Entre la première édition et maintenant, nous avons découvert que le rétablissement est toujours possible, même pour les personnes qui travaillent seules.

Pour les personnes qui travaillent seules

Si certaines circonstances ou situations dans votre vie font en sorte qu'il semble irréalisable ou effrayant pour vous de trouver un partenaire, *prenez les mesures proposées dans le présent guide seul.* N'arrêtez pas maintenant.

Nous présenterons les directives qui s'appliquent à vos mesures de rétablissement du deuil, que vous travailliez seul ou avec un partenaire.

Partenaires

Nous croyons toujours qu'il vaut mieux d'avoir un partenaire, comme quelqu'un qui vit également une perte, *si vous en avez le choix*. En règle générale, cette personne chercherait à se rétablir d'une différente perte de la vôtre. Toutefois, il n'est pas rare que des membres de votre famille deviennent vos partenaires après un décès; il se peut même qu'ils travaillent au rétablissement de la même perte que vous. Cela étant dit, puisque chaque relation est unique, le processus de rétablissement est également unique. Dans le contexte d'un partenariat, il est tout à fait acceptable qu'une personne se rétablisse du décès d'un proche et que l'autre se remette d'un divorce ou d'une autre perte.

TROUVER UN PARTENAIRE

Vous avez peut-être l'impression que personne ne comprend réellement la douleur que vous ressentez. Vous croyez peut-être que même vos amis ne comprennent pas votre peine. Certains diront qu'ils comprennent, mais en réalité, cela est impossible, car ils n'avaient pas la même relation que vous entreteniez avec la personne que vous avez perdue. Même entre membres de famille, les relations sont uniques.

On dit souvent aux personnes endeuillées de chercher pour quelqu'un qui a vécu une perte semblable. On dit que seuls les veufs peuvent s'identifier à d'autres veufs et que seuls les parents qui ont perdu un enfant peuvent s'identifier à d'autres qui ont perdu un enfant. C'est faux. Nous avons établi que toute personne ayant vécu une perte émotionnelle intense peut devenir un partenaire idéal.

Il se peut qu'un autre membre de votre famille vive un deuil découlant du même décès qui a provoqué votre propre deuil. Si vous n'avez jamais exprimé clairement ce que vous ressentez, cette personne n'en est peut-être pas consciente; un partenaire de rétablissement se cache peut-être au sein de votre propre famille.

Sinon, il existe d'innombrables endroits où vous pourriez trouver un nouveau partenaire. Par exemple, au bureau, vous avez peut-être entendu quelqu'un parler d'un décès. Les clubs de santé, les supermarchés, et les organismes religieux ou sociaux locaux sont tous des endroits où vous pourriez trouver une autre personne endeuillée. Abordez le deuil lors d'une soirée entre amis; tout le monde a une histoire de deuil à partager. Vos amis se réjouiront de savoir qu'il existe un programme de rétablissement du deuil.

Lorsque vous trouvez des partenaires potentiels, soyez honnête avec eux. Montrez-leur se guide et faites part de vos plans. Demandez-leur s'ils en ont assez d'avoir de la peine et s'ils accepteraient de vous accompagner sur le chemin du rétablissement. Ne soyez pas découragé si certaines personnes refusent.

Vous entendrez toutes sortes d'excuses. Vous n'avez qu'à continuer vos recherches jusqu'à ce que vous trouviez un partenaire.

<h1 style="text-align:center">7</h1>

L'établissement des lignes directrices

Avant de commencer ce chapitre, nous présumons que vous avez trouvé un partenaire ou que vous avez choisi de travailler seul. Voici des lignes directrices précises par rapport à la première rencontre entre partenaires. *Lisez cette section même si vous travaillez seul.* Parmi les instructions et les engagements énoncés, certains s'appliquent également au lecteur.

PREMIÈRE RENCONTRE ENTRE PARTENAIRES

Votre première rencontre ne prendra pas beaucoup de temps; une heure devrait suffire. Vous tiendrez cinq autres rencontres vous permettant de prendre toutes les mesures énumérées dans ce guide. Vous devrez probablement prévoir des intervalles de deux ou trois jours entre les rencontres afin d'effectuer les lectures et les devoirs.

Lors de cette première rencontre, déterminez le jour ou le soir de la semaine qui conviendrait le mieux aux deux. Il serait judicieux pour vous de prévoir environ une heure et demie ou deux heures pour les prochaines rencontres.

Assurez-vous de *toujours* tenir vos rencontres dans un endroit sûr.

Parler de vos pertes suscitera probablement des émotions humaines normales et naturelles qui pourraient vous faire pleurer. Il est tout à fait normal et naturel de pleurer, surtout en réponse à des pensées ou à des discussions portant sur le deuil. Il n'est toutefois pas essentiel de pleurer; ne décidez pas que vous et votre partenaire êtes défectueux si vous ne versez aucune larme. Dans le même esprit, n'attribuez pas une fausse valeur aux larmes; pleurer n'est pas un signe d'accomplissement. Vous ou votre partenaire devez-vous assurer d'avoir des mouchoirs à portée de la main.

Déterminez si les câlins sont acceptables pour vous et votre partenaire, car certaines personnes n'aiment pas recevoir des câlins, ce qui est tout à fait acceptable. Par principe, évitez également d'offrir un câlin ou de toucher votre partenaire avant la fin d'un exercice. Souvent, un toucher physique peut interrompre un sentiment qu'il pourrait être utile de ressentir.

En règle générale, nous vous suggérons de vous asseoir à une distance raisonnable de votre partenaire, afin d'éviter que la personne qui parle se sente étouffée ou intimidée. Essayez de considérer la situation comme étant une conversation entre amis; il ne s'agit pas d'une séance de thérapie. Le sujet abordé peut sembler gênant au début, mais l'objectif est de vous sentir à l'aise de parler de vos pertes en toute sécurité. Imaginez que vous êtes un cœur avec des oreilles lorsque vous écoutez parler votre partenaire.

PRENDRE DES ENGAGEMENTS PREMIER DEVOIR

Les personnes qui travaillent seules ou avec un partenaire doivent lire et relire les six premiers chapitres du présent guide. Prenez des notes et soulignez les énoncés qui vous touchent. Notez les passages avec lesquels vous vous identifiez à partir de vos expériences.

Voici la liste de mythes que John et Russell avaient appris sur la façon de composer avec les pertes au cours de leur vie.

1. Ne t'en fais pas.
2. Remplace la perte.
3. Vis ton deuil seul.
4. Sois patient.
5. Reste fort pour les autres.
6. Tiens-toi occupé.

Ne vous étonnez pas si vous vous identifiez à la plupart ou à tous ces mythes. Ces croyances sont très courantes dans notre société.

Sur une nouvelle feuille de papier, notez les mythes auxquels vous vous identifiez. Ajoutez d'autres idées que vous avez apprises ou que vous avez observées lors d'événements menant à une perte. Cette liste vous mettra sur le chemin vers un rétablissement personnalisé.

Ensuite, lisez la liste de clichés ci-dessous. Combien de ces commentaires avez-vous entendu ou commencé à croire? Encore une fois, il ne serait pas surprenant que la plupart, voire tous ces énoncés vous semblent familiers. Ces croyances à propos du deuil sont fortement répandues au sein de notre société. Ajoutez tout autre commentaire que vous avez entendu en relation aux événements menant à une perte.

« Calme-toi. »

« Ne t'écroule pas. »

« Garde la tête haute. » «

« Prends-toi en main. »

« Je comprends comment tu te sens. »

« Sois reconnaissant du fait que tu as d'autres enfants. »

« La vie continue. »

« Il nous a quittés pour un monde meilleur. »

« Tout doit passer. »

« Elle a mené une vie bien remplie. »

« Dieu ne nous éprouve jamais au-delà de nos forces. »

« Tu ne dois pas être en colère contre Dieu. »

Cette liste représente beaucoup de concepts, de croyances et d'idées que vous avez essayé d'intégrer à votre processus de deuil.

Même si cette liste semble longue, il existe tout de même plusieurs variations à ces entrées. Ne percevez pas ceci comme étant une critique envers vous, votre famille, votre église ou la société en général. Il est important pour vous d'identifier les idées que vous utilisez pour composer avec le deuil afin que vous puissiez déterminer si elles contribuent ou nuisent à votre rétablissement. Soyez pointilleux, car plus vous êtes honnête lors de cet exercice, plus il sera facile pour vous d'adapter certaines des meilleures idées relatives au rétablissement plus tard au cours de votre lecture.

RETOUR SUR LES PENSÉES ET RAPPELS

Précédemment, nous avons noté certaines des fausses idées suivantes, qui limitent notre capacité de composer avec le deuil de façon appropriée :

« Calme-toi. »

« Ne t'écroule pas. »

« Garde la tête haute. »

« Prends-toi en main. »

Il ne faut jamais oublier que le deuil est une réponse *normale et naturelle* à une perte. Le deuil est une réaction humaine qui indique que, pour l'instant, les choses ne sont pas comme elles l'étaient avant d'avoir subi la perte. Ces quatre commentaires ci-dessus laissent entendre qu'il y a quelque chose qui *cloche* chez nous ou que nous sommes *défectueux* lorsque nous avons des réactions normales à une perte. Il est pourtant normal de se sentir dépassé par un événement ou une série d'événements bouleversants. Les sentiments de désorientation, de stupéfaction, de confusion et de frustration face à des pertes majeures sont naturels. Il n'est pas rare d'entendre parler d'une personne qui s'est *effondrée* ou qui a *perdu son calme* en réaction à une émotion ou à une perte. Il est tragique que tant de termes incorrects et de fausses idées aient créé des croyances erronées par rapport aux sentiments normaux et sains associés à la perte.

DEUXIÈME RENCONTRE ENTRE PARTENAIRES

D'abord, réaffirmez votre engagement envers la franchise totale, la confidentialité absolue et le caractère unique et individuel de votre processus de rétablissement. Comme toujours, rencontrez-vous dans un endroit privé où vous vous sentez à l'aise de pleurer. Gardez des mouchoirs à portée de la main.

Cette rencontre sera votre première véritable occasion d'identifier les idées que vous utilisez pour composer avec les pertes dans votre vie. Il s'agira de la seule rencontre pendant laquelle vous aurez l'occasion de parler du deuil et de la perte de façon générale ainsi que de discuter de ce que l'on vous a porté à croire. Les prochaines rencontres porteront sur des sujets plus précis à mesure que vous approchez l'accomplissement.

Il existe trois obstacles potentiels : le premier est la tendance de monologuer plutôt que de discuter. Le deuxième obstacle est la tendance envers les analyses, les critiques et les jugements. Enfin, le troisième est d'intégrer des idées venant de philosophies religieuses, spirituelles, intellectuelles ou thérapeutiques, ou de celles relatives aux douze étapes. Tous ces domaines sont considérablement valables dans la vie quotidienne, mais ils peuvent être déroutants lorsqu'on applique les idées qui y sont associées dans le contexte du deuil.

Les objectifs de cette rencontre sont d'établir que vous et votre partenaire avez appris beaucoup d'informations erronées en ce qui a trait au traitement du deuil, ainsi que de créer un climat de sécurité. Le sentiment de sécurité aidera à réduire l'isolement et à favoriser la participation. Le nombre de points que vous avez en commun avec votre partenaire pourrait vous surprendre.

Chacun à votre tour, vous et votre partenaire allez lire votre liste de mythes. Ces listes seront composées de certains, voire tous les mythes que John et Russell ont appris lors de leur jeunesse. Prenez le temps de discuter des effets de ses mythes sur votre vie.

Ensuite, à tour de rôle, lisez vos listes des autres idées qui illustrent les concepts et les croyances selon lesquels vous composiez avec vos pertes. Encore une fois, prenez le temps de discuter des effets de ces mythes sur votre vie.

Enfin, planifiez votre prochaine rencontre.

Pour les personnes qui travaillent seules

Prévoyez du temps pour lire les six premiers chapitres du présent guide. Faites un retour sur les listes que vous avez dressées et comparez-les à celles qui se trouvent dans le guide. Réfléchissez aux effets que ces idées ont exercés sur votre vie, puis prenez en des notes. Voici une question gênante à vous poser

: « Mes croyances à propos de la façon de composer avec les sentiments difficiles constituent elles une des raisons pour lesquelles je travaille seul? »

8

Déterminer les comportements de soulagement à court terme

Le décès d'un proche, le divorce, et toutes les autres pertes produisent énormément d'énergie émotionnelle. Puisqu'on nous apprend, à partir de l'enfance jusqu'à la mort, à vivre incorrectement avec nos émotions tristes, pénibles et négatives, nous gardons cette énergie à l'intérieur de nous-mêmes.

Le plus grand des clichés illustre bien ce fait : après une journée à la prématernelle, une fillette entre chez elle, blessée par des interactions avec d'autres enfants au terrain de jeu. Sa mère, son père, sa grand-mère ou un quelconque autre tuteur lui demande, « Que s'est-il passé? » L'enfant répond avec la larme à l'œil qu'un de ses camarades a été méchant envers elle. Le tuteur lui dit : « Cesse de pleurer. Tiens, mange un biscuit, tout ira mieux », ce qui crée en l'enfant une croyance qui la suivra toute sa vie et qui vient d'une autorité importante : *la nourriture peut nous faire nous sentir mieux.* Après qu'elle mange le biscuit, les sentiments que la fillette éprouve sont *différents*, mais elle ne se sent pas nécessairement mieux. Pour l'instant, elle est distraite et elle oublie l'incident qui s'est produit sur le terrain de jeu. Toutefois, aucun achèvement de la douleur émotionnelle provoquée par l'événement n'a eu lieu;

l'événement, et les sentiments qui y sont attachés sont maintenant cachés derrière le biscuit, le sucre et la distraction. Si l'enfant mentionnait l'incident plus tard, on lui dirait probablement que « ce qui est fait est fait », comme s'il était inacceptable de continuer à ressentir des émotions par rapport à l'incident. Les émotions doivent donc demeurer cachées.

Dès notre jeune âge, nous consommons de la nourriture pour masquer, cacher et enterrer nos sentiments. Il n'est pas étonnant pour quelqu'un d'adopter ces mêmes comportements, mais en consommant plutôt de l'alcool et des drogues. Il arrive que l'on apprenne ces comportements en observant des membres de famille qui consomment d'énormes quantités d'aliments ou d'alcool lors d'une veillée ou de funérailles. La consommation d'aliments ou d'alcool face à l'énergie émotionnelle créée par un décès ou un divorce ne nous aide pas à découvrir la source de l'énergie ni à accomplir la relation touchée par la perte. Nous participons ainsi à *l'illusion* que le court soulagement que les aliments ou l'alcool nous procurent est en fait un soulagement à long terme de la douleur provoquée par la perte.

La consommation d'aliments et de l'alcool est un comportement de soulagement à court terme (*shortterm energy-relieving behaviour* ou *STERB* en anglais) évident et courant. Il existe beaucoup d'autres comportements de soulagement à court terme qui peuvent entraîner le même type de conséquence pouvant limiter la qualité de vie ou nuire à celle-ci. Voici une liste non exhaustive de comportements qui peuvent avoir un effet néfaste sur les personnes endeuillées si on les effectue pour les mauvaises raisons :

- La consommation d'aliments
- La consommation d'alcool ou de drogues
- Les crises de colère
- L'activité physique
- La fantaisie et l'évasion (les films, les séries télévisées ou les livres)
- L'isolement
- Le sexe
- Le magasinage (aussi connu de façon humoristique sous le nom de thérapie par le magasinage)
- La dépendance au travail

La plupart de ses comportements ne sont pas intrinsèquement néfastes, mais ils le deviennent si on les adopte pour les mauvaises raisons. Tout comme le fait de manger un biscuit ne soulage pas réellement la douleur émotionnelle entraînée par une perte, le magasinage ne procure aucun soulagement à long terme de la douleur occasionnée par un décès ou un divorce. D'ailleurs, le magasinage peut avoir l'effet contraire : il est souvent accompagné de remords résultant du fait que l'on ait dépensé tant d'argent, et n'est rien de plus qu'une distraction supplémentaire qui détourne l'acheteur de la perte émotionnelle originale et réelle (le décès, le divorce ou une autre perte).

Beaucoup de comportements de soulagement à court terme sont évidents, mais certains ne le sont pas. Voici un exemple qui illustre un danger plus subtil.

Beaucoup de gens visitent le cimetière très régulièrement pendant des années après le décès d'un proche. Ils sentent que le décès de cette personne leur a empêché d'accomplir leur relation émotionnelle, donc ils ressentent le besoin de visiter l'endroit dans lequel ils se sentent le plus près de celle-ci. Inconsciemment, ces personnes endeuillées cherchent une forme de soulagement de la douleur entraînée par leur relation inachevée. Toutefois, visiter la tombe du proche n'offre aucun soulagement permanent ni l'achèvement de la relation avec la personne décédée.

À la fin du présent chapitre, vous aurez l'occasion de voir en quoi certaines des actions que vous avez posées auraient pu être des façons indirectes de composer avec les sentiments provoqués par une perte.

LE SOULAGEMENT À COURT TERME NE *FONCTIONNE PAS*

Pensez à une bouilloire à vapeur remplie d'eau qui repose sur une plaque chauffante à température élevée. Normalement, à mesure que l'eau se réchauffe et commence à bouillir, la vapeur générée par la chaleur s'échappe par le bec. La plupart des bouilloires sifflent lorsque l'eau atteint le point d'ébullition. Imaginez maintenant que cette même bouilloire remplie d'eau repose sur cette même plaque, mais le bec de la bouilloire est bouché.

Imaginez comment la pression s'accumule à l'intérieur de la bouilloire lorsque l'énergie accumulée ne peut pas s'échapper par le bec. Le bouchon représente les informations erronées que nous entendons au cours d'une vie et qui nous portent à croire que nous ne devons pas parler de nos émotions tristes, pénibles ou négatives.

Une bouilloire à vapeur sans blocage libère l'énergie dès qu'elle est créée. Lorsqu'on vous dit « ne t'en fais pas » et « si tu dois pleurer, fais-le dans ta chambre », l'énergie s'accumule à l'intérieur de vous. Le mythe qui dit que « le temps guérit toutes les blessures » est risible dans le contexte de l'analogie de la bouilloire à vapeur, car le temps ne fait que précipiter l'imminence de l'explosion de la bouilloire bouchée.

À mesure que la pression s'accumule dans notre « bouilloire personnelle », nous cherchons automatiquement à en être soulagés. Par conséquent, nous commençons à adopter des comportements de soulagement à court terme (*short-term energy relieving behaviours* ou *STERB*) mentionnés lors du chapitre 4. Les STERB posent trois problèmes majeurs : premièrement, ils ne font que *sembler* fonctionner. Ils créent l'illusion du rétablissement, car ils nous font oublier ou cacher nos émotions.

Deuxièmement, les STERB sont des solutions *à court terme*. Leurs effets ne durent pas indéfiniment et ne règlent pas le véritable problème émotionnel. Troisièmement, ces comportements n'éliminent pas le « bouchon pris dans le bec ». D'ailleurs, la plupart des personnes ne sont même pas conscientes que leur « bec » est bouché.

Éventuellement, notre bouilloire à vapeur devient surchargée et les STERB ne créent plus l'illusion de bien-être. Imaginez maintenant ce qui pourrait arriver si une perte majeure comme un décès ou un divorce venait s'ajouter à cette panoplie d'émotions non résolues; elle pourrait provoquer une explosion en raison de la pression exercée sur le « bouchon ».

Nous voyons parfois d'énormes explosions émotionnelles qui font les manchettes à l'échelle nationale, mais la plupart des explosions sont beaucoup plus petites. Voici une question un peu injuste : avez-vous déjà eu une explosion émotionnelle démesurée par rapport aux circonstances? Malheureusement, nous savons que chaque lecteur devra répondre par « oui ». Au fil du temps, nous développons l'habitude de boucher notre bouilloire à vapeur personnelle. Nous refoulons nos sentiments parce que c'est ce qu'on nous a appris à faire.

Les actions de rétablissement du deuil vous aideront à retirer le bouchon. Vous pourrez alors gérer les émotions associées à la perte de façon plus efficace. Afin de vous aider à retirer le bouchon, nous examinerons toutes les idées qui ont créé celui-ci et les remplacerons par des idées plus justes relatives à la gestion des émotions tristes, pénibles et négatives.

Voici une autre analogie simple : si vous avez de mauvaises herbes sur votre terrain, une solution à court terme serait de les couper, mais elles repousseront. Vous pouvez aussi arracher ces mauvaises herbes et éliminer le problème. Vous devez maintenant prendre une décision : le soulagement à court terme ou le soulagement à long terme. Nous voulons que vous vous engagiez envers le soulagement à long terme, et nous vous guiderons et vous aiderons tout au long de votre parcours.

DÉFINIR VOS COMPORTEMENTS DE *SOULAGEMENT À COURT TERME*

Russell n'avait jamais été un amateur d'alcool. Même s'il a œuvré dans le secteur de la restauration pendant une majeure partie de sa vie adulte, il consommait rarement de l'alcool et n'avait jamais été ivre. Après son deuxième divorce, il a commencé à fréquenter le bar d'un ami et à prendre un verre ou deux chaque soir. Ce comportement était renforcé par la convivialité des gens au bar. Trois mois plus tard, ce rituel ne semblait plus aider Russell. Il a cessé de consommer de l'alcool et s'est adonné à la lecture de romans mystères chez lui chaque soir pour s'évader. Il a donc remplacé une habitude de soulagement à court terme par une autre. Voilà un exemple de comportements de soulagement à court terme.

DEUXIÈME DEVOIR

Le deuxième devoir (pour les personnes qui travaillent seules ou avec un partenaire) consiste à cerner les comportements de soulagement à court terme que vous avez utilisés ou utilisez actuellement pour éviter la douleur provoquée par vos pertes.

Après votre relecture du présent chapitre, essayez de nommer au moins deux exemples de comportements que vous avez adoptés pour réprimer vos sentiments. Ceci sera plus difficile à faire qu'il le paraît. Ce devoir pourrait représenter votre première occasion de faire preuve de votre engagement envers la franchise totale.

Voici une liste des comportements de soulagement à court terme mentionnés dans le présent chapitre. Servez-vous de cette liste comme guide pour vous aider à déterminer si vous comptiez sur une mesure de soulagement à court terme.

- La consommation d'aliments
- La consommation d'alcool ou de drogues
- Les crises de colère
- L'activité physique
- La fantaisie et l'évasion (les films, les séries télévisées ou les livres)
- L'isolement
- Le sexe

- Le magasinage (aussi connu de façon humoristique sous le nom de thérapie par le magasinage)
- La dépendance au travail

Sur une nouvelle feuille de papier, notez les comportements que vous avez essayés. Ensuite, ajoutez tout autre comportement que vous avez découvert. Dans notre société, il n'est pas rare que les gens aient été socialisés avec l'idée qu'il faut cacher sa douleur émotionnelle plutôt que d'y faire face directement.

TROISIÈME RENCONTRE ENTRE *PARTENAIRES*

D'abord, réaffirmez votre engagement envers la franchise totale, la confidentialité absolue et le caractère unique et individuel de votre processus de rétablissement. Comme toujours, rencontrez-vous dans un endroit privé où vous vous sentez à l'aise de pleurer. Gardez des mouchoirs à portée de la main.

Les comportements de soulagement à court terme (*short-term energy-relieving behaviours* ou *STERB*) constituent un sujet qui peut être amusant à discuter avec son partenaire, mais ce sujet peut également être pénible et gênant. Faites particulièrement attention de ne pas juger, critiquer ou évaluer votre partenaire (ni vous-même). Gardez votre engagement envers la confidentialité absolue à l'esprit. Le maintien de la véracité et de la sécurité est essentiel au rétablissement.

Relisez votre liste de STERB. Il est important de tenir compte de la raison pour laquelle nous les adoptons; ce n'est pas parce que nous sommes défectueux, mais plutôt parce que nous avons été élevés de cette façon.

Un des objectifs de cet exercice est de vous aider à prendre conscience des choses que vous faites peut-être inconsciemment. La modification des habitudes qui vous sont néfastes devient possible lorsque vous prenez conscience de leur existence.

Après avoir terminé de partager vos listes de STERB, fixez une date et un endroit pour la tenue de votre prochaine rencontre.

Pour les personnes qui travaillent seules

Relisez le présent chapitre. Examinez les façons générales et précises dont vous avez utilisé des STERB pour composer avec une perte au cours de votre vie.

Voici une autre question gênante à vous poser : « Est-il possible que l'un de mes comportements de soulagement à court terme majeurs soit *l'isolement?* S'agit-il d'une autre raison pour laquelle je travaille seul? »

Vous ressentez peut-être que nous vous mettons de la pression. En réalité, nous appliquons nos connaissances venant de nombreuses années d'expérience. La plupart des gens qui ont de la difficulté à trouver un partenaire avec qui travailler ont tout simplement peur qu'un partenaire potentiel refuse de travailler avec eux. Il est impossible pour nous de dire qu'il ne s'agit pas d'une possibilité, mais nous vous implorons de repenser votre décision de travailler seul. Nous ne le redemanderons plus dans ce guide.

9

Le graphique de l'historique des pertes

Maintenant que vous savez que les mythes, l'intellect, et les comportements de soulagement à court terme ne vous procurent pas les bienfaits à long terme nécessaires, vous commencez peut-être à vous sentir coincé. Voilà le moment où vous commencez peut-être à agir comme si vous êtes rétablis. Vous dites alors « je vais bien », mais vous voulez vraiment dire « je vais mal ». Cette façon de penser est dangereuse.

Si nous pouvions dire une phrase magique pour faire disparaître toute la douleur que vous éprouvez, nous le ferions. Puisque nous ne pouvons pas le faire, nous allons faire ce qu'il reste de mieux; nous allons vous apprendre comment accomplir votre relation avec la douleur provoquée par la perte.

Le graphique de l'historique des pertes vise à vous aider à découvrir les pertes que vous avez subies au cours de votre vie et à déterminer celles qui constituent les plus grands obstacles dans votre vie quotidienne. À première vue, il peut sembler étrange pour nous de vous dire que vous devez cerner les pertes que vous avez vécues. Après tout, ne les connaissez-vous pas déjà? Malheureusement, beaucoup de gens, surtout lors de leur jeunesse, ont appris à comparer leurs pertes et minimiser leurs sentiments. Par conséquent, ils ne sont peut-être pas conscients des émotions créées par des événements antérieurs qui continuent à limiter leur qualité de vie.

COMPARAISON ET MINIMISATION

À un certain moment, au cours de vos années formatrices, vous avez peut-être entendu la pensée suivante : « J'ai pleuré parce que je n'avais pas de souliers, jusqu'au jour où j'ai vu quelqu'un qui n'avait pas de pieds. » Cette phrase vise clairement à faire en sorte que les gens s'arrêtent et soient reconnaissants pour ce qu'ils ont, plutôt que de s'acharner sur ce qu'ils n'ont pas. Il s'agit d'une pensée admirable, mais on l'interprète souvent de la façon suivante : « Compare tes pertes pour minimiser tes sentiments. »

Russell se souvient d'une réception pendant laquelle il était assis à côté de deux de ses amies. Le mari d'une des femmes est décédé du cancer quelques mois auparavant. L'autre femme traversait un divorce pénible. Russell a demandé à cette dernière comment elle se sentait et elle lui a chuchoté

: « Je me sens terrible, mais je ne peux pas me sentir trop mal par rapport à mon divorce, parce que son mari est décédé. » Voilà l'exemple parfait de la comparaison et la minimisation.

EXEMPLES DE GRAPHIQUES DE L'HISTORIQUE DES PERTES

Une fois que nous développons une habitude, elle s'enracine dans notre inconscient. Nos vies comportent beaucoup d'habitudes. Par exemple, vous enfilez probablement toujours le même soulier en premier et vous n'y avez jamais pensé jusqu'à maintenant. Il en est probablement de même dans le contexte de la façon dont vous composez avec vos pertes. Voilà pourquoi il est important de dresser un graphique de l'historique des pertes; il faut connaître vos habitudes afin de pouvoir les confronter et les modifier.

L'objectif principal de cet exercice est d'examiner de façon détaillée les pertes que vous avez subies au cours de votre vie et de déterminer les habitudes qui ont découlé de celles-ci. Il existe plusieurs autres raisons de créer un graphique de l'historique des pertes. Une de ces raisons est de mettre en lumière ses pertes de sorte à les passer en revue. Les pertes cachées ou oubliées peuvent prolonger la douleur et la frustration associées au deuil inachevé. Une autre raison de préparer un graphique est de s'exercer à être complètement honnête. Nous pouvons souvent être malhonnêtes sans pour autant mentir; nous omettons certains détails, ce qui crée une image souvenir inexacte. Cet exercice permet également d'observer les comportements de soulagement à court terme que l'on adopte après une perte. Nous aurons tous à subir d'autres pertes au cours de notre vie et personne ne veut tomber dans les mêmes vieux pièges. Comme le vieux montagnard a dit au jeune montagnard : « Si tu veux éviter les pièges à ours, tu dois d'abord savoir à quoi ils ressemblent. »

Dans le même ordre d'idées, si vous voulez dresser un graphique d'historique des pertes, vous devez d'abord savoir à quoi il ressemble. Voici nos graphiques :

JOHN W. JAMES

DATE DE NAISSANCE : le 16 février 1944

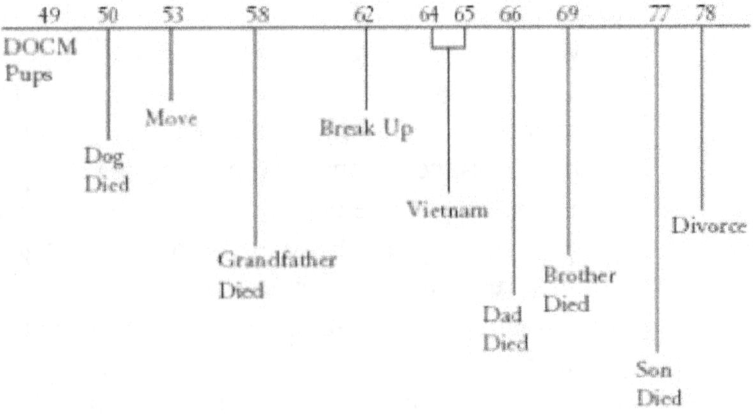

1949 —   La naissance des   Chiots. Pour commencer, je vais vous parler de mes premiers souvenirs conscients. Mon   premier souvenir conscient vient du jour où la chienne de la famille a eu une portée de chiots. Tard un soir, après que mon frère et moi nous étions endormis, notre père est venu nous réveiller. Il nous a menés vers le lit de notre chienne. Elle avait toujours été amicale, mais semblait suspicieuse et méfiante cette fois. Je me souviens d'avoir été un peu effrayé. À mesure que notre père nous rapprochait du lit, je commençais à voir trois ou quatre petites bosses près de la chienne. Notre père nous a dit de ne pas trop nous approcher, car elle avait de la difficulté à faire naître un des chiots. C'est alors que j'ai compris ce qu'étaient ces petites bosses. Je ressentais de la joie, de la peur, de la fierté et de la confusion, tout en même temps. Notre père a fini par devoir aider la chienne à donner naissance aux trois derniers chiots.

Mon frère et moi voulions tenir les chiots dans nos bras immédiatement, mais notre père nous a dit que la chienne n'aimerait pas cela, donc nous sommes retournés au lit. Inutile d'essayer, nous ne pouvions pas dormir. Nous avons passé la moitié de la nuit à parler de ce merveilleux événement. Pendant les deux semaines suivantes, nous étions très attentifs envers notre chienne et nous attendions que les chiots ouvrent leurs yeux pour la première fois.

Cet événement est le tout premier souvenir conscient que j'ai réussi à identifier. Je n'ai aucun souvenir antécédent.

1950 — *Le décès de ma chienne.* Ma chienne est décédée (nous en avons discuté au chapitre 3).

1953 — *Le déménagement.* Il s'agissait de l'année de notre premier déménagement. Le déménagement constitue une perte majeure pour un enfant. Mes parents m'ont expliqué toutes les raisons logiques pour lesquelles nous déménagions : nous allions vivre dans un meilleur voisinage et une meilleure maison, plus près de l'école, et nous allions être les propriétaires plutôt que les locataires de la maison. Ces raisons ne m'ont pas aidé à accepter que nous allions déménager; mes amis allaient me manquer.

1958 — *Le décès de mon grand-père.* Mon grand-père est décédé.

1962 — *La rupture de couple.* Ma conjointe et moi avons décidé de rompre notre relation.

1964 et 1965 — *La guerre du Vietnam.* La façon dont on traitait les vétérans de la guerre du Vietnam dans notre société a renforcé notre perte de confiance. Même de nos jours, cette perte de confiance pose beaucoup de problèmes aux vétérans. En tant que société, nous avons payé très cher pour cette guerre et ses effets se font toujours sentir. Pendant la guerre, nous avons encaissé le décès de plus de 58 000 combattants; depuis la fin de cette guerre, nous en avons perdu le triple par suicide.

1966 — *Le décès de mon père.* Mon père est décédé. Je ne l'avais vu qu'une seule fois depuis mon retour de l'étranger; beaucoup d'aspects de notre relation sont restés inachevés. Il n'a jamais réussi à vaincre son alcoolisme et c'est ce qui l'a tué. Ce fut une expérience très pénible pour moi.

1969 — Le décès de mon frère. Mon frère cadet, sauteur à la perche à l'Université Southern Illinois, était en parfaite santé avant son décès à l'âge de vingt ans. Il était en route pour venir me visiter au sud de la Californie, où je vivais à l'époque. Il était accompagné de deux de ses amis du collège; ils s'étaient arrêtés pour la nuit et avaient tous décidé de faire une sieste. Plus tard dans l'après-midi, lorsque les amis de mon frère sont allés le réveiller, ils ont constaté qu'il était mort.

J'ai passé des jours et des jours à essayer de trouver une raison logique pour laquelle mon frère est décédé; à défaut d'en trouver une, j'ai décidé de jeter le blâme sur Dieu.

1977 — Le décès de mon fils. Mon fils est décédé. En 1975, mon épouse a donné naissance à une fille. La naissance de ma fille était le point culminant de ma vie. Lorsque mon épouse est tombée enceinte pour une deuxième fois, j'avais hâte de revivre cette expérience. Malheureusement, des complications ont surgi lors du cinquième mois de grossesse environ. Lorsque le travail de mon épouse s'est enclenché prématurément, nous nous sommes empressés de nous rendre à l'hôpital, où l'on a utilisé toutes les techniques médicales possibles pour ralentir ou freiner le processus. Mon épouse était branchée à des moniteurs. Pendant deux jours, nous devions écouter les battements de cœur parfaitement normaux de notre fils en sachant qu'il avait une faible probabilité de survie.

Tout au long de ma vie, on m'a appris à croire certaines choses par rapport à mon rôle d'homme, d'époux et de père. On m'a appris à croire que j'étais responsable d'identifier les problèmes et les résoudre. Lors de cette expérience, j'ai rapidement découvert que les gens que je connaissais, les connaissances que je possédais, l'argent que j'avais dans mon compte bancaire, et mon intelligence n'avaient aucune importance; je ne pouvais rien faire. Il s'agissait de l'expérience la plus frustrante que j'ai vécue.

Malgré toutes les interventions médicales, notre fils a fini par naître. Lors des huit premières heures, tout semblait bien s'annoncer. Ensuite, les choses ont commencé à se gâter. Encore une fois, il était facile d'identifier le problème. Je pouvais voir le problème : il ne pesait qu'environ 2 lb, il avait les cheveux noirs et on l'avait placé dans une boîte en verre. Je ne pouvais rien faire autre que regarder les moniteurs et me sentir impuissant.

Cette situation a duré deux jours. J'essayais d'aider mon épouse, parce que c'est ainsi qu'on m'a élevé. Il n'y a rien de mal à cela, mais en essayant de l'aider, je ne reconnaissais pas ma propre douleur. À la fin du deuxième jour, mon fils a rendu son dernier souffle.

Croyez-le ou non, tout a commencé à s'empirer à partir de ce moment. Les gens ont commencé à dire et à faire des choses choquantes. Il était devenu évident que mon épouse et moi ne pouvions plus nous parler. Notre relation s'est écroulée immédiatement. Au cours des huit mois suivants, je suis allé partout, j'ai parlé à tout le monde et j'ai lu tout ce que je pouvais lire pour m'aider à soulager ma peine. C'est alors que j'ai découvert que je n'avais à peu près aucune ressource à ma disposition pour m'aider à composer avec le deuil. J'étais véritablement dans le désespoir.

1978 — Le divorce. Mon épouse et moi avons divorcé. Nous avons pris cette décision parce que nous n'avions aucune idée de ce que nous devions faire pour composer avec le deuil entraîné par tous les changements qui ont eu lieu dans nos vies. Nous étions à la fois de nouveaux mariés, de nouveaux parents et de nouvelles personnes endeuillées. Le décès de notre fils était la goutte qui a fait déborder le vase.

Les choses que j'aurais pu vivre *autrement, mieux,* ou *plus intensément* hantaient mes pensées et c'est habituellement le cas pour toute autre personne endeuillée dans une situation semblable. Si je n'étais pas si inquiet par rapport aux frais médicaux, mon épouse aurait pu aller chez le médecin pour des visites médicales plus régulièrement. Lorsque la situation d'urgence s'est présentée, nous n'avions pas de gardienne pour notre fille et nous n'avions pas la moindre idée du point auquel l'état de mon épouse était grave. Je n'ai donc pas accompagné mon épouse au bureau du médecin. À l'époque, je ne pouvais qu'imaginer à quel point elle devait être terrifiée.

Même avec toutes ces pensées qui me traversaient l'esprit, je ne savais pas comment exprimer mes sentiments. Je me sentais seul et isolé, mais je croyais réellement que je devais être fort et retenir mes émotions. Puisque c'est ce que j'ai appris, c'est ce que j'ai fait. Les disputes étaient devenues courantes en raison de cette pression qui s'accumulait. La vexation jetait de l'huile sur le feu, ce qui entraînait encore plus de disputes. Pour sa part, mon épouse se disait que si elle n'était pas tombée enceinte si peu de temps après la naissance de notre fille, rien de tout cela ne se serait produit. Il s'agissait alors de ce qu'elle aurait souhaité vivre *autrement, mieux, ou plus intensément*. Tout comme moi, elle ne savait pas à quel point il est important d'exprimer ses sentiments.

Quand la communication se détériore entre un couple marié, peu importe la cause, le divorce n'est qu'une question de temps. Le divorce constitue une autre expérience de deuil que l'on doit vivre, donc le cycle se poursuit.

Lors de la rédaction du présent guide, j'ai communiqué avec mon ex-épouse afin de lui demander ce qu'elle pensait du fait que j'allais raconter cette partie de notre histoire. Elle m'a confié que pendant de nombreuses années, elle ne savait pas à quel point le décès de notre fils avait eu un effet profond sur moi. Comment aurait-elle pu le savoir?

À ses yeux, j'étais le champion du deuil.

Il peut être intimidant de s'apprêter à dresser un graphique de l'historique des pertes. Pour cette

raison, nous vous demandons d'examiner cet autre
exercice avant de procéder.

Voici le graphique de l'historique des pertes de
Russell.

RUSSELL FRIEDMAN

DATE DE NAISSANCE : le
4 Janvier 1943

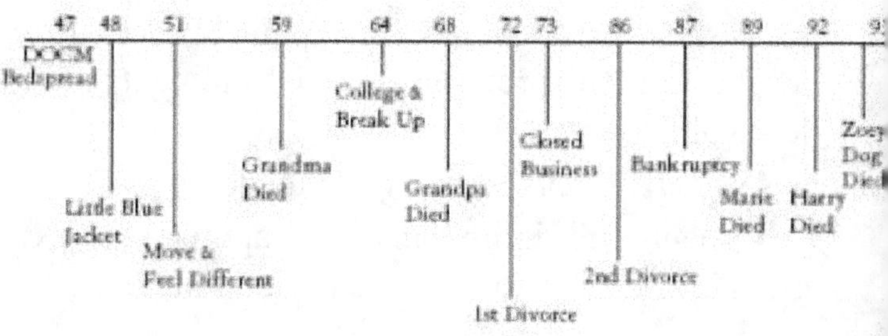

1947 — *Premier souvenir conscient.* Mon premier souvenir conscient n'est ni heureux ni triste : il s'agit tout simplement d'un souvenir d'un couvre-lit bleu avec un motif nautique.

1948 — *Petite veste bleue.* Mon père et moi sommes allés voir une partie de basketball des Royals de Rochester. Il m'a acheté une veste des Royals. Quelque temps plus tard, j'ai égaré la veste et lorsque mon père l'a découvert, il m'a réprimandé pour l'avoir égaré. Je me souviens que je ne me sentais plus en sécurité avec mon père. Après plusieurs autres incidents de ce genre, j'ai perdu ma confiance en lui.

1951 — *Sentiment d'être différent et déménagement majeur.* À la naissance, j'étais allergique au lait, aux œufs, aux noix et au chocolat. En raison de ces allergies, j'avais besoin d'un menu spécial à l'école. Je me sentais très différent de mes camarades de classe. Mes cheveux étaient extrêmement roux, et j'avais environ 2,5 millions de taches de rousseur; ceci peut sembler mignon, mais je peux vous dire d'expérience que je ne me sentais pas mignon. Les autres enfants me taquinaient souvent et étaient parfois même cruels. J'étais incapable de me défendre. Je me sentais tellement différent des autres.

Nous vivions à Rochester, dans l'État de New York, une ville très froide et humide en hiver. J'étais atteint de l'asthme et il était devenu tellement sérieux que le médecin a conseillé à mes parents de déménager en Arizona ou en Floride, où il fait plus chaud. Je ne voulais pas quitter mes amis ni le voisinage auquel je m'étais accoutumé. J'ai livré un vibrant plaidoyer à mes parents. Ils ont répliqué en m'expliquant les raisons logiques derrière notre déménagement : j'allais fréquenter une meilleure école, nous allions vivre dans une plus grande maison, et Papa allait avoir un meilleur emploi. Je n'avais pas abordé mes émotions par rapport à l'idée de quitter mes amis.

Nous avons donc déménagé en Floride. Malheureusement, un autre problème physique ayant eu des répercussions permanentes a surgi chez moi. En raison de mes cheveux roux et de ma peau très pâle, la chaleur intense et les puissants rayons ultraviolets à Miami ont eu un effet immédiat sur ma vie. Je devais porter un t-shirt lorsque j'allais à la piscine et appliquer de l'oxyde de zinc sur mon visage lorsque je jouais à l'extérieur. J'ai eu quelques coups de soleil graves et j'ai commencé à avoir peur du soleil. Tout ceci commençait à influer sur mon choix d'activités, et par conséquent sur mes relations avec mes amis. Au bout du compte, selon moi, en raison de mes cheveux roux, ma peau pâle et mes taches de rousseur, j'étais très *différent* des autres.

1957 — Décès de ma grand-mère. Ma grand-mère est décédée. Elle vivait chez nous, car ma mère était retournée travailler. Ma grand-mère était la principale gardienne de mon frère, qui est de dix ans mon cadet. C'est à ce moment que j'ai appris à « rester fort pour les autres ».

1964 — Rupture de fiançailles. Il s'agissait de ma première véritable relation amoureuse; nous envisagions de nous marier et d'avoir des enfants. La fin brutale de cette relation m'a anéanti. Je ne possédais aucune idée, ressource ou habileté pour m'aider à composer avec cette souffrance émotionnelle intense. Le tout s'est déroulé pendant ma dernière année au collège. Je n'allais plus à mes cours, je fixais les murs, et je me sentais comme si j'étais en mode « pilote automatique ».

1964 — Diplôme du collège. Habituellement, on considère la remise des diplômes comme étant une expérience positive, ce qui est à moitié vrai, au moins. D'une part, je me réjouissais à l'idée d'être libre en tant que « nouvel adulte », mais d'autre part, j'étais triste de devoir me séparer des personnes et des endroits qui m'étaient devenus familiers pendant mes quatre années au collège. Personne ne voulait entendre ou reconnaître le côté triste de la fin des études.

1968 — Décès de mon grand-père. Mon grand-père est décédé. Je n'aimais pas beaucoup mon grand-père. Il était un homme fort bourru, et j'avais peur de lui. Même à mesure que je vieillissais, je trouvais sa façon de se comporter menaçante.

Lorsqu'il est décédé, mon grand-père et son fils, mon père, n'étaient pas en bons termes. J'ai essayé « d'être fort » pour mon père.

1972 — Premier divorce. Je ne m'attendais pas du tout à ce divorce. Je n'avais aucun soupçon qu'un divorce approchait. Je me suis senti anéanti, désorienté et complètement perdu. Tout ce que je savais faire lors d'une perte quelconque était « de rester fort pour les autres ». Mais cette fois, *j'étais « l'autre »*. Quand j'y repense, je suis étonné d'être toujours vivant. Je n'avais pas à croire que je ne me suis pas accidentellement tué ni tué quelqu'un d'autre en conduisant ma voiture. Il m'était presque impossible de me concentrer. Même à l'époque, je savais qu'il s'agissait d'une perte à plusieurs volets. J'avais l'impression qu'en plus d'être la fin d'un mariage, ce divorce représentait la perte de mes espoirs, mes rêves et mes attentes, ainsi qu'une « perte de confiance » massive. Puisque la confiance avait toujours été un problème majeur pour moi, ce divorce et la façon dont il s'est déroulé ont détruit le peu de confiance qu'il me restait.

1973 — Fermeture de mon entreprise. Après le divorce, j'ai gardé le restaurant que j'ai établi avec mon ex-épouse. Les émotions causées par mon divorce me préoccupaient. Je ne possédais aucune compétence efficace pour m'aider à vivre avec ces émotions difficiles. J'étais habituellement un entrepreneur plutôt attentif, mais ma concentration était maintenant fortement réduite. J'ai commencé à prendre de très mauvaises décisions pour mon entreprise, qui par conséquent menaient à de pires décisions. En fin de compte, j'ai décidé de fermer le restaurant, car mon cœur n'y était plus.

1986   — *Le deuxième divorce.* Ce divorce était très différent du premier. Il était intensément pénible. En plus de la fin de ma relation, de mes espoirs et de mes rêves, un autre facteur me troublait énormément : j'avais 43 ans. La façon dont je me percevais, ma vie et mon avenir étaient différents qu'à la suite de mon premier divorce. Mon entreprise était située dans un voisinage où vivaient beaucoup de personnes âgées. Parfois, je m'assoyais, je regardais les couples âgés et je me demandais : « Quand sera-t-il à mon tour de partir dans le soleil couchant avec quelqu'un? » Mes parents et les parents de mon épouse étaient toujours mariés, tandis que j'avais échoué deux fois en mariage. Je me sentais comme un raté.

1987   — *Faillite.* Mon premier divorce et la fermeture de mon entreprise par la suite ne m'avaient pas préparé à vivre un deuxième divorce et la tragédie financière qui en a découlé. Pourtant, la première série d'événements était presque un précurseur de la deuxième série. J'avais de l'expérience en divorce, alors j'en ai eu un deuxième. J'avais de l'expérience en faillite d'entreprise, donc j'ai encaissé un autre échec. Dans les deux cas, je ne m'étais pas rétabli des émotions provoquées par les pertes ni accompli mes pertes. J'étais énormément préoccupé par l'accumulation des sentiments non résolus, ce qui a entraîné une série de décisions d'affaires atroces. Je n'avais aucun autre choix que de déclarer faillite. Après avoir appris toute ma vie que je devais être le pourvoyeur, cette faillite m'a donné l'impression d'être le plus grand raté du monde.

1989 — Décès de Marie. Marie, la mère de ma conjointe, est décédée. Nous étions devenus très proches. J'aimais lorsqu'elle me demandait si j'allais bien, et elle m'écoutait réellement lorsque je lui répondais. Lorsque Marie est décédée, j'avais déjà commencé à travailler au *Grief Recovery Institute*. Plus important encore, j'avais accompli ma relation à la douleur découlant de mes pertes antécédentes. Ceci a permis à deux choses de se produire. Premièrement, ma relation était achevée, car je savais comment être avec Marie de son vivant. Deuxièmement, son décès a eu un effet profond sur moi. Puisque j'avais accompli mes relations précédentes, mon cœur était ouvert à de nouvelles relations. Cette ouverture fait en sorte que les événements pénibles sont douloureux. Elle m'a permis d'être plus affectueux. Le décès de Marie m'a fait mal au cœur, car la tristesse est une réaction normale et saine à une perte.

1992   — Décès de Harry. Harry, le père de ma conjointe, est décédé. Harry et moi étions devenus très proches après le décès de son épouse Marie. Nous avons passé d'innombrables heures à visionner tous les événements sportifs imaginables sur le divan chez lui. Il avait 87 ans, mais sa capacité d'examiner d'un œil critique tous les détails de tous les sports était inouïe. Il connaissait également énormément de faits à propos d'événements sportifs qui ont eu lieu avant ma naissance. Pour moi, c'était souvent comme un cours d'histoire intéressant de l'écouter parler. Le destin a fait qu'Harry est décédé quelques jours avant le Super Bowl. Lors du dimanche du Super Bowl, j'ai ressenti un grand vide sur mon divan.

1993 — *Décès de notre chienne Zoey.* Notre chienne Zoey est décédée. Elle était une chienne de poche de 100 lb (ou du moins, elle se comportait comme une chienne de poche). Elle avait une merveilleuse personnalité loufoque. Comme il est le cas pour plusieurs relations avec un animal domestique, je ressentais un amour inconditionnel pour elle. Ma conjointe et sa fille l'avaient depuis qu'elle était un chiot. Lorsque j'ai emménagé avec elles, Zoey m'a adopté et m'a dressé. Lorsqu'elle a développé un cancer, nous avons tout essayé pour la guérir, sans succès. Peu de temps après sa mort, chaque fois que j'arrivais à la maison et que ma porte de garage s'ouvrait, mon cœur se brisait. Tous les moments où je me souvenais que Zoey ne m'attendrait plus en haut des escaliers à mon arrivée étaient parmi les expériences les plus pénibles que j'ai vécues.

1993 — Décès de ma mère. La veille du jour de l'Action de grâces, ma mère est décédée subitement.

Je vais tenter de décrire l'expérience que j'ai vécue après qu'on m'a annoncé son décès : je suis entré au bureau vers 11 h, tout juste après une partie de golf tôt le matin. Dès que j'ai franchi la porte de mon bureau, mon assistante s'est levée et m'a dit : « Russell, j'ai une terrible nouvelle à t'annoncer : ta mère est décédée! » J'avais l'impression qu'on m'avait asséné un coup à la poitrine avec suffisamment de force pour me faire tomber; mes genoux se sont dérobés et je me suis mis à pleurer. Quand mes jambes se sont ramollies, mon assistante et un ami m'ont entouré et m'ont tenu debout. Je suis tombé dans leurs bras et j'ai pleuré pendant un bon moment.

CE QUE L'ON PLACE DANS LE GRAPHIQUE
DE L'HISTORIQUE DES PERTES

Puisque la plupart d'entre nous associent principalement les termes *deuil* et *perte* à la mort et peut-être au divorce, nous allons déterminer quelles expériences humaines peuvent constituer un deuil. Voici la définition la plus utile pour nous : *Le deuil se définit par un ensemble d'émotions humaines contradictoires suscitées par la fin ou le changement d'un modèle habituel de comportement.* Donc, tout changement dans la relation avec des personnes, des endroits ou des événements peuvent entraîner l'ensemble d'émotions contradictoires que nous appelons « le deuil ».

Constatez tous les autres types de perte qui sont intégrés dans cette définition, comme le déménagement. Lors d'un déménagement, toutes les habitudes familières peuvent changer; l'endroit où l'on habite, le lieu de travail et les personnes que l'on côtoie régulièrement changent. Les changements majeurs de sa situation financière, tant positifs que négatifs, créent d'énormes changements des habitudes familières. Les changements majeurs sur le plan des fonctions corporelles ou des capacités du corps peuvent également mener au deuil. Perdre l'usage de ses membres, perdre la vue ou devenir atteint d'une maladie comme le diabète ou l'insuffisance rénale modifie automatiquement les habitudes familières. Les accidents vasculaires cérébraux et les crises cardiaques peuvent souvent modifier nos habitudes relatives à l'activité physique et à l'alimentation. La ménopause peut entraîner de lourds sentiments de perte tant pour les femmes que pour leur partenaire. Le divorce est une perte évidente lorsqu'il s'agit de son propre divorce, mais le divorce d'un proche, comme un parent, un enfant, un frère, une sœur ou une autre personne, peut également nous toucher.

La maltraitance lors de l'enfance, qu'elle soit d'une nature physique, sexuelle ou émotionnelle, crée souvent des habitudes qui font en sorte que les interactions positives sont sabotées, car elles ne sont pas aussi « familières » que les interactions négatives.

Beaucoup d'expériences de la vie correspondent à notre définition du deuil. Pratiquement toute interaction négative peut être une expérience de deuil pour vous. En lisant les graphiques de l'historique des pertes de John et de Russell, vous avez vu un aperçu du type d'événement qu'on peut considérer comme étant une perte. En règle générale, si vous percevez un événement comme étant une perte, vous pouvez l'inclure dans votre graphique. À vrai dire, il n'y a aucune mauvaise réponse dans cet exercice.

TROISIÈME DEVOIR : PRÉPARATION DE VOTRE GRAPHIQUE DE L'HISTORIQUE DES *PERTES*

Maintenant que nous vous avons présenté les graphiques, nous pouvons commencer. Voici les directives (pour les personnes qui travaillent seules ou avec un partenaire) qui vous permettront de préparer votre graphique de l'historique des pertes, comme nous le faisons lors de nos séminaires.

1. Cet exercice ne devrait pas prendre plus d'une heure. Vous ressentirez peut-être un grand éventail d'émotions en préparant votre graphique de l'historique des pertes. Il est possible aussi que vous ne ressentiez que peu ou pas d'émotions, ce qui est parfaitement acceptable, ne vous en faites pas. Gardez une boîte de mouchoirs près de vous. Soyez prêt à accepter toute réaction émotionnelle.

2. La rédaction du graphique est non verbale. Il est préférable de le faire seul et dans le silence.

3. Vous aurez besoin d'un crayon ou d'un stylo, ainsi que d'une nouvelle feuille de papier de la taille du papier pour machine à écrire ou d'une page de carnet standard

(8 ½ x 11 po) au moins; le papier de format légal
ou grand format (8 ½ po x 14 po) est préférable.
Posez la feuille à l'horizontale sur votre bureau
ou votre table.

4. Tracez une ligne droite au centre de la page.
   Ensuite, divisez la ligne en quatre parties égales
   à l'aide de marques légères faites avec votre
   crayon. Vous pourrez noter les dates grâce à ces
   points de référence.

5. Par exemple, si vous avez 50 ans, vous aviez 25
   ans au point qui se situe au milieu de la ligne.
   Écrivez votre date de naissance à l'extrémité
   gauche de la ligne et écrivez la date actuelle à
   l'extrémité droite. Ensuite, indiquez votre
   premier souvenir conscient, ou la première chose
   dont vous vous souvenez, peu importe s'il s'agit
   d'une perte ou non, tout juste après votre date de

naissance.

6. Nos exemples ont commencé par notre premier
   souvenir conscient. Si vous y pensez bien, vous
   constaterez que votre

premier souvenir conscient a probablement eu lieu lorsque vous aviez entre deux et cinq ans (probablement plus près de cinq ans). Ce souvenir peut être bon, mauvais, heureux ou triste; il peut s'agir d'un événement, d'une expérience, d'un objet ou d'un endroit. Une des méthodes les plus faciles pour vous aider à établir la date de votre premier souvenir conscient de façon efficace est de vous remémorer quelque chose relatif à votre première maison. Ne passez pas trop de temps à essayer de déterminer la date exacte de votre premier souvenir conscient; il ne s'agit que d'un point de départ.

7. Il n'est pas nécessaire de connaître les dates précises; nous nous intéressons plutôt à vos réactions émotionnelles face à vos pertes.

8. Prenez quelques instants pour vous poser la question suivante : « Quelle a été la perte la plus pénible que j'ai vécue au cours de ma vie et qui a limité ma qualité de vie? »

LA DURÉE ET L'INTENSITÉ

Au moment où elles se produisent, toutes les pertes sont d'une intensité maximale

(100 %). Après mûre réflexion, nous reconnaissons que certaines pertes ont un plus grand effet que d'autres. Nous avons mentionné que la durée et l'intensité constituent des facteurs dans toutes les relations; voici ce que nous voulons dire.

Russell a fréquenté le même nettoyeur à sec deux fois par semaine pendant dix ans. Chaque fois, la même femme prenait ses vêtements et son argent. Russell ne connaissait pas son nom, donc il l'appelait « la dame ». Un jour, en allant chercher ses vêtements, Russell s'est fait servir par un homme. Russell lui a demandé : « Où est la dame? » L'homme lui a répondu : « Oh, elle est décédée. » Russell a ressenti une certaine tristesse, même s'il ne connaissait pas le nom ni quoi que ce soit de cette dame. Cette relation, même si elle a duré plusieurs années, n'avait presque aucune intensité.

Russell s'est fiancé à une jeune femme en 1964. Cette relation passionnée n'a duré que trois mois. Lorsque cette relation a brutalement pris fin, Russell et la femme n'étaient pas restés en bons termes. Il ne lui a jamais reparlé. Russell a appris d'un ami mutuel, 32 ans plus tard, que la femme était décédée. Cette nouvelle a eu un effet profond sur Russell. Même si la relation était de

courte durée, elle était d'une intensité émotionnelle importante.

1.   Déterminez quelle a été votre perte la plus pénible. Repérez la date approximative sur votre ligne verticale, puis tracez une ligne verticale jusqu'au bas de la page. Notez ce en quoi consistait la perte, par exemple « Décès de ma mère », « Décès de mon enfant », ou « Divorce ». Il n'est pas nécessaire de passer beaucoup de temps à décrire en long chaque expérience de deuil, comme nous l'avons fait dans nos exemples; vous n'avez qu'à écrire de simples mots ou phrases qui vous rappelleront votre perte.

2.   Après avoir déterminé et noté votre perte la plus pénible, remémorez-vous vos premiers souvenirs et commencez à noter les pertes dont vous vous souvenez. Tracez des lignes verticales de différentes longueurs pour représenter le degré d'intensité des pertes. Écrivez toujours de courtes notes afin que vous puissiez vous souvenir en quoi ces pertes consistaient, par exemple « Décès de mon chien » ou « Fermeture de mon entreprise ».

Vous constaterez parfois que vous avez ressenti des émotions positives et négatives par rapport à une même expérience, ce qui est tout à fait normal. Pour beaucoup de personnes, le jour du mariage peut représenter le plus beau jour d'une vie ainsi qu'une « perte de liberté ». La naissance d'un enfant peut être à la fois exaltante et terrifiante, car les parents doivent assumer de nouvelles responsabilités. Le présent exercice mise toutefois sur les aspects tristes, négatifs ou pénibles de ces événements. Les personnes endeuillées essaient souvent de ne penser qu'aux aspects positifs, de sorte à éviter les émotions difficiles. Il s'agit d'une des raisons pour lesquelles vous lisez le présent guide, donc même si cet exercice vous met mal à l'aise, mettez l'accent sur les aspects négatifs seulement.

Si vous voyez qu'après une demi-heure, vous avez seulement noté votre premier souvenir conscient et une seule perte, prenez une pause. Il peut arriver que l'on essaie trop fort et que l'on reste coincé. Jetez un autre coup d'œil aux graphiques de John et Russell; ils vous aideront à vous souvenir de quelques pertes que vous avez vécues.

Il est tout à fait naturel que vous ressentiez de la résistance à l'intérieur de vous-même. Dites-vous que la persistance vaut le coup à long terme. Selon notre expérience, la plupart des personnes de 14 ans et plus ont vécu au moins cinq pertes qui pourraient figurer dans un graphique. À l'âge adulte, cette moyenne s'étend entre dix et quinze pertes.

N'essayez pas de créer un graphique « parfait ». Vous n'avez qu'à être honnête envers vous-même. Vous ne recevrez pas de note pour votre travail et vous n'avez besoin d'aucune approbation sauf la vôtre. Laissez-vous aller lors de cet exercice; ses bienfaits seront directement proportionnels à l'effort que vous y mettez. Mais il faut avant tout que vous commenciez!

APPRENDRE DE VOTRE GRAPHIQUE DE L'HISTORIQUE DES PERTES

Félicitations! Vous avez terminé votre graphique!

Dresser l'historique de votre vie peut s'avérer une expérience révélatrice. Il est essentiel d'examiner vos pertes afin de découvrir les informations erronées que vous avez apprises directement ou indirectement. Il est tout aussi important d'éviter de vous juger, vous évaluer ou vous critiquer vousmêmes pour ce que l'on vous a appris ou pour la façon dont vous avez interprété les choses.

Votre premier engagement à cet égard doit être d'éviter d'être trop dur envers vous-même par rapport à vos découvertes. Il est aussi judicieux d'éviter de juger et de critiquer ceux et celles qui vous ont appris des idées erronées. Ne vous en faites pas, vous aurez amplement l'occasion d'accomplir toute pensée et tout sentiments relatifs aux sources d'informations erronées plus tard.

Maintenant que vous avez préparé votre graphique, le moment est venu de l'examiner pour voir ce qu'il peut vous apprendre. En suivant la ligne à partir de votre premier souvenir conscient, vous serez peut-être en mesure d'avoir une idée très précise de ce que l'on vous a porté à croire. Si vous travaillez avec un partenaire, vous constaterez bientôt qu'il existe habituellement un grand nombre de parallèles entre deux personnes endeuillées. Lors de nos séminaires et nos programmes d'aide, les participants sont souvent surpris lorsqu'ils constatent le nombre de pertes et d'attitudes qu'ils ont en commun avec les autres. Même si ces parallèles existent, nous sommes tous des individus. La science dit qu'il n'existe pas deux flocons de neige ou deux grains de sable identiques, même s'ils sont composés des mêmes éléments. De la même façon, chaque personne est unique. Le présent exercice aide à illustrer nos similarités et nos différences.

Ceux et celles qui travaillent seuls constateront peut-être que certaines de leurs pertes et leurs attitudes face à celles-ci sont semblables à celles de John et de Russell.

QUATRIÈME RENCONTRE ENTRE PARTENAIRES

D'abord, réaffirmez votre engagement envers la franchise totale, la confidentialité absolue et le caractère unique et individuel de votre processus de rétablissement. Comme toujours, rencontrez-vous dans un endroit privé où vous vous sentez à l'aise de pleurer. Gardez des mouchoirs à portée de la main.

Cette rencontre marquera un changement dans votre façon de procéder. Ces nouvelles directives seront celles que vous devrez suivre pour le reste de vos rencontres, donc lisez-les très attentivement.

Votre réussite repose sur votre respect de ces directives.

Travailler avec un partenaire comporte des avantages. Un de ces avantages est la capacité de verbaliser ce que vous avez écrit. Afin que vous puissiez tirer le meilleur de cet exercice, nous allons vous fournir des directives très claires que nous avons établies au cours des vingt dernières années; nous vous suggérons d'y adhérer.

N'oubliez pas d'emporter votre graphique de l'historique des pertes ainsi que les deux listes dont vous avez déjà discuté, soit celle sur les informations erronées et celle sur les comportements de soulagement à court terme.

Directives pour le partenaire qui écoute

1. Asseyez-vous à une distance raisonnable de votre partenaire; vous voulez éviter d'avoir l'impression d'être dans l'espace personnel de votre partenaire ou de l'étouffer.
2. Donnez-vous le droit de rire ou de pleurer en tant que partenaire qui écoute s'il y a lieu, mais *vous ne devez pas parler!*
3. Évitez de toucher votre partenaire; le toucher interrompt habituellement les sentiments.
4. Souvenez-vous de l'image du cœur avec des oreilles. Restez dans le moment présent du mieux que vous le pouvez et portez une attention particulière à l'histoire de votre partenaire.

Directives pour le partenaire qui parle

1. Essayez de ne pas prendre plus d'une demi-heure pour parler de votre graphique de l'historique des pertes. Ce règlement n'est pas coulé dans le béton, mais évitez de laisser la rencontre devenir un long monologue; vous n'en tireriez aucune valeur.

2. Si vous pleurez, essayez tout de même de continuer à parler. Forcez les mots hors de votre bouche plutôt que de les avaler. Beaucoup de gens ont tendance à emprisonner leurs sentiments dans leur gorge.

3. Demandez à votre partenaire de vous donner un câlin lorsque vous avez terminé de parler de votre graphique (si vous avez établi que les câlins sont acceptables).

4. Après le câlin, prenez quelques minutes pour aborder à nouveau les informations erronées que vous avez apprises après vos pertes, ainsi que les comportements de soulagement à court terme que vous aviez adoptés. Il s'agit du moment opportun pour voir les liens entre vos croyances et les façons dont elles ont potentiellement ralenti votre rétablissement.

Prenez une pause, puis laissez votre partenaire parler de son graphique.

Planifiez ensuite votre prochaine rencontre.

Pour les personnes qui travaillent seules

Puisque vous travaillez seul, il pourrait vous être utile de considérer les graphiques de l'historique des pertes de John et Russell comme étant des partenaires silencieux. Relisez leurs graphiques, puis examinez le vôtre. Notez les similarités et les différences entre les trois graphiques. Réexaminez vos comportements de soulagement à court terme (STERB). Essayez de trouver des liens entre vos STERB et vos pertes. Lisez vos listes de mythes et de croyances afin de déterminer des liens avec les pertes que vous avez inclus dans votre graphique.

TROISIÈME PARTIE

Trouver la solution

Bienvenue à la troisième partie de ce guide. La solution à la perte englobe cinq mesures que vous devez prendre afin d'accomplir la douleur découlant d'une perte émotionnelle importante. Les mesures cidessous nécessitent une bonne ouverture d'esprit, une bonne volonté, et beaucoup de courage. Voici les mesures en question et leur signification.

1. Prendre conscience qu'il existe une relation émotionnelle inachevée.
2. Accepter la responsabilité que vous êtes en partie la cause de cet inachèvement.
3. Identifier les messages de rétablissement que vous n'avez pas livrés.
4. Prendre les mesures nécessaires pour les communiquer.
5. Surmonter la perte en disant adieu aux messages non livrés et à la douleur.

10

Qu'est-ce que l'inachèvement?

Tout au long du guide, nous vous avons fait part de notre façon de procéder pendant nos séminaires. La plupart des exercices que nous effectuons lors de ces séminaires se convertissent facilement dans un livre, mais plusieurs concepts nécessitent davantage d'explications. L'un de ces exercices sert à comprendre ce que constitue l'inachèvement émotionnel.

Pendant le séminaire de trois jours que nous offrons aux personnes endeuillées, nous sommes en mesure d'illustrer l'inachèvement à l'aide de quelques questions. Pendant la deuxième journée, nous demandons à une personne si elle a eu des pensées ou des sentiments positifs à l'égard d'un autre participant. Lorsque la réponse est « oui », nous leur demandons quelle était cette pensée.

Habituellement, cette personne nous répond « J'ai admiré son courage », ou « J'ai aimé sa franchise ». Nous demandons ensuite « Est-ce que vous lui avez dit? » La réponse est alors « non ». Par la suite, nous posons la question suivante : « Et si cette personne était morte avant que vous ayez eu la chance de lui dire? Qui se retrouverait avec ce message non livré? » La personne répond « moi ». Par la suite, nous demandons « Si vous demeurez inachevé avec un étranger en une journée, qu'avez-vous fait au cours d'une vie avec des membres de votre famille, des amis et d'autres personnes de votre entourage? » L'inachèvement ne se limite pas à des événements importants. Il s'agit d'une accumulation de messages non livrés qui ont une valeur émotionnelle pour nous, peu importe leur importance. À notre connaissance, seules les personnes vivantes vivent un deuil. Il est alors essentiel que nous accomplissions ce qui, pour nous, est inachevé.

Parfois, l'inachèvement est le résultat de nos actions ou nos inactions. D'autres fois, il est causé par des circonstances qui sont indépendantes de notre volonté.

Voici une histoire triste qui illustre des émotions inachevées, résultant des circonstances.

Un jeune garçon courait devant la maison, s'empressant vers son arrêt d'autobus. Comme il courait, sa mère lui a crié depuis la véranda : « Timmy, rentre ta chemise dans ton pantalon, que penseront les voisins? » Quelques heures plus tard, des policiers sont venus cogner à sa porte. Son fils, Timmy, est mort des suites d'un terrible accident dans la cour d'école.

En plus de la douleur inimaginable que devait ressentir la mère, quel dernier message pensez-vous qu'elle aurait voulu changer? Nous ne tentons pas de sous-entendre que sa douleur serait moindre si sa dernière interaction avec Timmy avait été différente. Toutefois, nous suggérons que la dernière remarque qu'elle a faite à son fils correspond tout à fait à la catégorie de choses qu'elle aurait voulu vivre *autrement, mieux ou plus intensément. Nous savons rarement quelle interaction avec une personne sera la dernière.* Dans toutes nos relations, il n'est pas anormal de laisser certains sujets de côté pour y revenir plus tard. Il ne s'agit pas nécessairement de procrastination, mais plutôt d'un plan pour l'avenir. Toutefois, à la suite d'un décès ou d'un divorce, des reports de la sorte constituent souvent des sources d'inachèvement.

La mort et le divorce sont bien évidemment des sources d'émotions inachevées, mais qu'en est-il des autres types de perte? Souvent, lorsque nous songeons aux relations difficiles que nous entretenons avec des personnes vivantes (parents, frères et sœurs ou autres) nous reconnaissons bien des aspects que nous aurions voulu avoir vécu *autrement, mieux ou plus intensément.* Trop souvent, l'accumulation de messages non livrés nous impose également des limites dans le cadre de ces relations. Parfois, l'inachèvement est causé ou exagéré par les autres. Certaines personnes ne nous permettent pas de leur dire des choses importantes. Étant donné que nous ne pouvons pas les forcer à nous écouter, nous nous retrouvons souvent pris avec ces messages non livrés, qu'ils soient positifs ou négatifs. Parfois, nous avons peur de tenir des propos chargés d'émotions, et d'autres fois, nous attendons tout simplement le bon moment ou les bonnes circonstances. Parfois, par oubli ou par distraction, nous manquons l'occasion, ou encore elle n'arrive jamais. Puis quelqu'un meurt, et nous nous retrouvons pris avec des messages émotionnels non livrés.

Bref, l'inachèvement émotionnel représente tout message émotionnel non livré. Parfois, nous ne savons pas ce que nous avons dit ou fait. Cette incertitude peut causer un sentiment d'inachèvement. Parfois, nous ne savons pas si l'autre personne nous a entendus, ou si elle a reçu le message comme nous l'avions prévu. Ceci peut également provoquer un sentiment d'inachèvement.

Écoutez-nous bien : être inachevé sur le plan émotionnel ne signifie pas que vous êtes une mauvaise personne, ou que vous êtes défectueuse; cela signifie seulement que diverses circonstances et actions ou inactions vous ont empêché d'être accompli.

COMMENT IDENTIFIER LES INACHÈVEMENTS

Essentiellement, votre graphique de l'historique des pertes constituait une représentation détaillée des deuils vécus par le passé. À la fin de cette section, vous retrouverez des directives sur l'utilisation de votre graphique de l'historique des pertes qui vous aideront à cerner les pertes qui demeurent inachevées sur le plan émotionnel. En regardant votre graphique de l'historique des pertes, il se peut que vous constatiez un large éventail d'émotions qui se rattachent aux personnes, aux événements et aux relations énumérées. Il se peut que vous ressentiez de la tristesse au moment d'évoquer ces pertes. Cela est tout à fait normal.

Votre objectif est de découvrir quelles relations sont inachevées. Pour ce faire, il importe d'être en mesure d'établir une distinction entre la douleur et la tristesse. Voici des pistes pour vous aider à identifier les relations inachevées.

1. Si vous n'êtes pas prêt à penser à une personne que vous avez perdue en raison d'un décès ou d'un autre type de perte, ou que vous n'êtes pas prêt à parler de cette personne, cela peut signifier un deuil non résolu.

2. S'il est pénible pour vous d'évoquer de bons souvenirs, il se peut que vous viviez un deuil non résolu.

3. Si vous ne voulez parler que des aspects positifs de la relation, cela peut signifier un deuil non résolu.

4. Si vous ne voulez parler que des aspects négatifs de la relation, cela peut signifier un deuil non résolu.

5. Un deuil non résolu peut être le fondement de toute peur associée à des pensées ou à des sentiments relatifs à la relation.

Tous les changements que nous vivons dans notre vie provoquent des sentiments. La plupart de ces changements sont sans importance et occasionnent peu ou pas d'inconfort. Par contre, certains de ces changements ont des répercussions permanentes sur notre attitude et notre conception de la vie. Plus ces sentiments sont intenses, plus il est probable que ceux-ci soient non résolus ou inachevés.

Habituellement, une perte récente motive les personnes à participer à nos séminaires et à nos programmes d'aide. Habituellement, les actions du rétablissement permettent de découvrir d'autres relations inachevées. Il se peut que vous fassiez des découvertes semblables à mesure que vous parcourez ce guide.

CHOISIR UNE PERTE À ACCOMPLIR

Vous êtes prêt à identifier la perte qui, pour vous, est le plus inachevée. Celle-ci est fort probablement liée à un décès, mais il importe de se souvenir que les pertes ne se limitent pas à la mort. Pour la plupart, le divorce mène à un inachèvement sur le plan émotionnel. Un bon nombre de nos relations avec des personnes vivantes (parents, frères ou sœurs, autres membres de la famille, amis) peut également être inachevé.

Directives

1. Sortez votre graphique de l'historique des pertes. Encerclez les pertes que vous estimez inachevées. Soyez honnête dans votre évaluation. Le nombre de pertes qui se trouvent sur votre graphique ainsi que le moment où celles-ci ont eu lieu n'importe pas. Si vous n'êtes pas certain si une perte qui se trouve sur votre

graphique est inachevée, vous devez tout de même l'encercler.

2. Utilisez le concept de la durée ou de l'intensité, ainsi que votre propre évaluation honnête de ce qui demeure inachevé ou pénible pour vous. Soyez réaliste. Si votre bébé est mort, la relation n'était peut-être pas longue, mais la perte est certainement très intense. Ainsi, la mort de votre enfant peut être, pour vous, un bon premier choix.

3. Il est fort probable que la perte qui vous a mené à consulter ce guide ne soit pas celle avec laquelle vous travaillerez en premier. S'il en est le cas, nous n'y voyons pas d'inconvénient. Toutefois, nous ne voulons pas que vous choisissiez une perte moins intense parce que vous craignez une perte plus pénible ou tentez de l'éviter.

4. Il est possible que la perte qui vous est la plus inachevée ne figure pas sur votre graphique de l'historique des pertes. Soyez attentif au fait qu'il se peut que votre relation la plus inachevée soit avec une personne vivante, qui n'apparaît pas comme une « perte ».

5. Ne consacrez pas plus d'une heure à ce processus d'élimination, sinon vos idées risquent de se confondre. Vous n'avez

qu'à vous poser une question simple : « Quelle est la perte qui me limite le plus actuellement? »

6. Choisissez-en une. Il n'y a pas de mauvais choix. S'il y a plusieurs relations inachevées dans votre vie, vous aurez la chance de travailler sur chacune d'elles. *Note : vous ne pouvez choisir vos deux parents en même temps. Vous devez traiter ces deux relations de façon séparée.* Pour le moment, nous voulons que vous choisissiez la relation qui semble représenter le plus de douleur, d'émotions inachevées, ou les deux.

CONSEILS SUR LE CHOIX DE LA PREMIÈRE PERTE À TRAITER ET QUESTIONS SUR D'AUTRES PERTES

Au fil des années, des personnes nous ont demandé sur quelle perte elles doivent travailler en premier. Les personnes dont un parent est mort au cours de leur jeunesse, habituellement entre la naissance et l'âge de dix ans, nous posent souvent la même question. Même si cette mort a eu une grande incidence sur leur vie, elles se demandent s'il s'agit de la bonne perte à choisir en premier.

On nous pose également des questions sur les pertes autres que la mort et le divorce. Ces questions impliquent souvent l'alcoolisme, la maladie mentale, et divers types de mauvais traitement; ou la façon de gérer l'Alzheimer et d'autres conditions semblables.

De plus, plusieurs personnes nous demandent comment surmonter une perte de la foi, d'une carrière, ou des problèmes de santé.

Une nouvelle section intitulée *Informations supplémentaires sur les choix et les autres pertes* voir la page 226. Celle-ci renferme davantage d'explications sur la façon de choisir la première perte sur laquelle travailler, et fournit des conseils pour surmonter « d'autres types de pertes. » Même si vous avez déjà choisi la perte sur laquelle vous voulez travailler en premier, nous vous suggérons de lire cette nouvelle section avant de commencer l'exercice impliquant le graphique de relations, qui se trouve dans le prochain chapitre.

11

Présentation du graphique de relations

Afin de créer un portrait juste d'une relation, il convient d'utiliser un format clair. Au fil des années, nous avons élaboré un processus très simple qui vous aidera assurément à découvrir les aspects inachevés.

Comme toujours, nous vous recommandons d'éviter de prendre des raccourcis. Ceux qui utilisent fidèlement le format comme nous le suggérons connaissent presque toujours des réussites. En fait, la plupart des problèmes surviennent lorsque quelqu'un tente de changer le format.

DIFFÉRENCES ENTRE LE GRAPHIQUE DE RELATIONS ET LE GRAPHIQUE DE L'HISTORIQUE DES PERTES

Dans le graphique de l'historique des pertes, nous avons porté davantage attention aux pertes; nous avons énuméré des événements tristes, pénibles ou négatifs dont nous nous souvenons. Le but du graphique de relations est d'apporter un regard détaillé sur une seule relation. Les événements positifs ou heureux se retrouvent au-dessus de la ligne centrale, tandis que les événements négatifs ou tristes se retrouvent en dessous de celle-ci.

Quand on vit une perte, notre cerveau se met à passer notre vie en revue à la recherche de ce qui n'a jamais été communiqué ou accompli. Il se peut que vous vous rendiez compte que cette revue a commencé très rapidement à la suite d'une perte. En fait, la revue continue de façon intermittente jusqu'à l'accomplissement de la perte. Le but du graphique de relations est de vous aider à exploiter cette revue, et de l'utiliser pour découvrir ce qui vous est inachevé afin que vous puissiez l'accomplir.

ACCOMPLIR NE SIGNIFIE PAS OUBLIER

Pour résoudre une perte inachevée sur le plan émotionnel par rapport à une personne, vous devez tout d'abord l'accomplir. Accomplir une perte ne signifie pas d'oublier cette personne. Nous accomplissons plutôt notre relation à la douleur causée par cette perte. Nous accomplissons tout ce qui était demeuré inachevé au moment de la perte. La seule chose qui peut vous arrêter à présent est la crainte que vous oubliiez la personne qui vous était chère. *Ce n'est pas possible.*

Les trois aspects d'une relation sur lesquels nous misons sont les aspects physiques, émotionnel et spirituel.

La mort met fin à la relation physique que nous entretenions avec cette autre personne. Nous ne pouvons plus la toucher ni lui parler de la même façon. De façon semblable, le divorce change grandement la relation physique que nous avions avec notre conjoint. Nous ne pouvons plus le toucher ni lui parler de la même façon.

Les relations émotionnelles comprennent tous les sentiments que nous éprouvons envers une autre personne ou même un animal de compagnie. Ces sentiments ne sont pas seulement heureux ou positifs, mais englobent également des sentiments pénibles et négatifs. Lorsqu'un décès ou un divorce a lieu, nous devons découvrir et accomplir tout ce qui était inachevé au moment de la perte. Même si la relation physique s'est terminée ou a changé, la relation émotionnelle continue dans les souvenirs que nous évoquons.

Il est plus difficile de définir l'aspect spirituel de nos relations. Nous avons tous différentes croyances au sujet de la spiritualité. Pour les fins de ce guide, les aspects spirituels englobent tout ce qui n'est ni physique ni émotionnel. Il s'agit de l'aspect intangible qui vous fait éprouver un sentiment d'attachement envers une autre personne. Votre lien spirituel ne se termine pas lorsqu'un décès ou un divorce a lieu.

Étant donné que le deuil est la réponse normale et naturelle à une perte, la majeure partie du présent guide traite d'émotions. L'accomplissement d'émotions inachevées nous permet de composer avec la triste réalité que la relation physique s'est terminée.

Le rétablissement du deuil influence la qualité de votre vie. L'accomplissement d'émotions inachevées n'entrave en aucun cas vos croyances religieuses, philosophiques ou spirituelles relatives à l'idée de revoir cette personne au paradis.

IMAGES-SOUVENIRS FIDÈLES : VOTRE RÔLE

Nous avons parlé du fait que les personnes endeuillées ont tendance à créer des images souvenirs plus grandes que nature. Il est peu probable que vous soyez en mesure d'accomplir votre relation avec une personne que vous voyiez comme un ange ou un démon. Vous pourrez seulement accomplir votre perte si vous reconnaissez la vérité. Si vous vous souvenez bien, le premier engagement que vous avez pris dans le cadre de ce guide est de toujours dire la vérité. L'idéalisation et la diabolisation *ne représentent pas la vérité*.

Nous avons discuté avec des personnes endeuillées à la suite du décès d'un proche, et en peu de temps, elles nous ont parlé d'une personne qui n'a jamais commis d'erreurs de sa vie. Elles parlent uniquement des aspects positifs de cette personne. Lorsque nous écoutons attentivement, nous entendons même des propos tels que « J'aurais dû l'apprécier davantage tandis qu'il était encore avec moi. Il était le mari parfait. » Nous avons entendu le même type de commentaire à la suite de la rupture d'une relation amoureuse ou de mariages de longue date. *Ce type de souvenir exagéré et unilatéral est vraiment la fonction d'un cœur brisé qui ne connaît pas de meilleur moyen de communiquer la vérité.*

Même si vous aimiez la personne qui est morte, ou la personne d'avec qui vous êtes divorcée, celle-ci n'était pas parfaite; en fait, personne n'est parfait. Toutes les relations, même les plus idéales, connaissent des hauts et des bas. Lorsque vous prenez les mesures menant au rétablissement du deuil, vous pouvez seulement être responsable de votre rôle. Si vous vous souvenez seulement de votre proche comme vous vouliez qu'il soit, et non comme il l'était réellement, il devient impossible d'accomplir votre relation émotionnelle avec lui. Les souvenirs fidèles de vos proches sont plus puissants, et seront davantage chéris qu'un fantasme au sujet de ceux-ci.

LA VÉRITÉ EST LA CLÉ DU RÉTABLISSEMENT

L'essence du rétablissement repose dans le fait d'être complètement honnête à propos de *nous-mêmes* par rapport aux autres. Toutefois, en tant qu'humain, il nous est pratiquement impossible d'éviter d'avoir des impressions ou des opinions au sujet des autres. Ainsi, nous devons composer avec le fait que notre perception des autres peut limiter notre rétablissement. Habituellement, lorsque nous critiquons excessivement les actions ou inactions des autres, l'évaluation de notre relation avec ceux-ci peut être fausse.

Il peut sembler que le présent guide vise largement à aider les personnes à accomplir leur relation avec un « proche » qui est décédé. Nous sommes convaincus qu'un bon nombre de personnes qui lisent ce guide pleurent toujours la mort d'une personne qu'elles n'aimaient pas. Il se peut que vous éprouviez de la rancune ou même de la haine envers cette personne. Quoi qu'il en soit, ce programme de rétablissement du deuil fonctionnera pour vous. Nous traiterons davantage les sentiments de rancune à mesure que nous avancerons dans les mesures de rétablissement.

Nous examinerons en profondeur une relation de sorte à découvrir tous les aspects que nous aurions souhaité avoir vécu *autrement, mieux, ou plus intensément,* ainsi que découvrir les espoirs, les rêves et les attentes qui ne se sont pas matérialisés. Nous partirons à la recherche de tout ce que nous aurions voulu dire ou ne pas dire, et de tous les gestes que nous aurions voulu effectuer ou non. Nous tenterons également de mettre au jour ce que nous aurions voulu que l'autre personne dise ou fasse.

Certaines relations sont plus harmonieuses que d'autres. En fait, certaines relations sont plus accomplies que d'autres. Toutefois, nous n'avons jamais rencontré une personne n'ayant aucun message émotionnel non livré. Nous avons rencontré des personnes qui ont peur de ces inachèvements, ou qui ne sont pas prêtes à examiner honnêtement le rôle qu'elles y ont joué. Nous avons également rencontré des personnes qui croient à tort que si elles étaient honnêtes, elles pourraient blesser une personne décédée.

Permettez-nous de réaffirmer que le but n'est pas de blesser qui que ce soit ou de détruire des souvenirs ou des relations. Cette prise de conscience demeure privée, confinée à l'intérieur de vous-même ou confiée à un partenaire qui a juré la confidentialité.

MÊME DE LONGUES MALADIES SE SOLDENT PAR L'INACHÈVEMENT

Nous avons une question pour vous. Après une longue maladie, au cours de laquelle vous avez pris soin de votre proche vingt-quatre heures par jour et lui avez parlé de tout et de rien, peut-il tout de même y avoir un inachèvement entre vous deux? Réponse : *Oui!*

Pourquoi? En partie parce qu'au cours d'une longue maladie, la personne soignante et le patient sont tous deux préoccupés avec le traitement, le confort et les médicaments. En partie parce qu'il est pratiquement impossible de parler directement à quelqu'un comme on parlerait de lui à une autre personne. Et, enfin, parce que la mort même suscite une revue approfondie qui ne peut être reproduite tandis que le proche est vivant. Permettez-nous de vous en fournir un exemple. Si vous côtoyiez un proche lors de sa maladie de longue durée, vous vous souvenez sans doute que peu importe si vous pensiez être préparé, peu importe comment vous étiez prêt à accepter ce qui se produirait, la mort de cette personne vous a tout de même grandement touché. Le caractère définitif et absolu de la mort renforce la capacité du cerveau à rechercher des aspects inachevés.

En est-il de même avec le divorce? Oui et non. Le divorce est la mort d'une relation, ainsi que des espoirs, des rêves et des attentes qui y sont rattachées. Les sentiments que provoque la rupture d'une relation peuvent commencer bien avant l'initiation de toute procédure judiciaire. Pour certains, les sentiments émergent en route chez l'avocat pour commencer le processus de divorce. Pour d'autres, les sentiments n'apparaissent qu'une fois la déclaration formelle du divorce rendue par l'état. Le sentiment de finalité stimule le cerveau et le cœur, qui partent à la recherche de tout aspect inachevé dans la relation. La mort signale automatiquement la *fin* de la relation physique, tandis que le divorce *change* la relation physique.

ESPOIRS, RÊVES ET ATTENTES

La mort n'est jamais un événement singulier. En plus de la mort en soi, il y a la mort de tous les espoirs, les rêves et les attentes à l'égard de l'avenir. Il en est de même pour les divorces et les autres ruptures de relations.

Dans les relations positives, nos espoirs et rêves portent sur un avenir aux côtés de son conjoint et sur tous les autres événements qui se produiront au fil du temps. Bien des couples se

réjouissent à l'idée de leur retraite. Ils envisagent de voyager et de se livrer à une série de nouveaux passe-temps.

Bien trop souvent, l'un des partenaires meurt avant que le couple n'ait la chance de concrétiser ses plans. Plusieurs de nos autres relations positives contiennent des visions de l'avenir, qui se terminent également avec la mort.

Dans le cas de relations négatives, il y a inévitablement l'espoir qu'un jour, on réparera les pots cassés ou on obtiendra des excuses pour le mal qu'on estime que l'autre personne a fait. Beaucoup de personnes ont grandi au sein de familles dysfonctionnelles, entourées d'alcoolisme ou d'autres conditions débilitantes. Lors de l'enfance, ces personnes ignoraient qu'il existait une autre façon de vivre. Parfois, en tant qu'adultes, elles se rendent compte qu'elles n'ont pas eu la chance de vivre une jeunesse normale et saine. Il est essentiel que ces personnes fassent le deuil de la douleur connue au cours de leur jeunesse et qu'elles achèvent cette douleur. En fait, elles doivent faire le point sur leur vie pour se rendre compte que leurs espoirs, leurs rêves et leurs attentes étaient tout à fait normaux.

Certaines personnes entretiennent une mauvaise relation avec leurs parents ou leurs frères et sœurs. À l'occasion, ils sont capables de régler leurs différends et de retrouver une relation positive. Lorsqu'ils se retrouvent, ils commencent automatiquement à avoir des espoirs, des rêves et des attentes normaux à l'égard de l'avenir. Trop souvent, leur relation rétablie est écourtée par une mort prématurée. « Je m'entendais enfin bien avec mon père. Nous avions tellement de temps à rattraper, mais il a soudainement subi une crise cardiaque et est mort avant que la vie nous donne la chance de réellement passer de bons moments ensemble. »

Il est essentiel de comprendre la puissance des émotions inachevées qui se rattachent à des événements futurs. Vous verrez et entendrez beaucoup de choses qui vous feront penser aux plans que vous aviez avec la personne qui est décédée, ou d'avec qui vous êtes divorcé. Il importe d'accomplir le plus d'aspects possible maintenant pour faciliter l'accomplissement de tout autre inachèvement à l'avenir lorsqu'il y aura d'autres rappels.

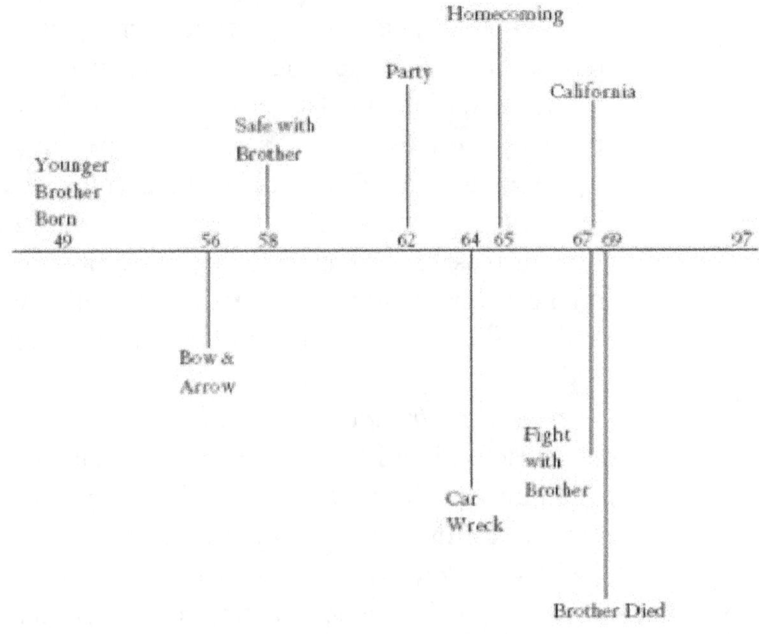

LE GRAPHIQUE DE RELATIONS

Nous vous fournirons bientôt les directives pour créer votre graphique de relations. Entre-temps, nous vous présenterons des exemples des nôtres.

Le graphique de la relation que John entretenait avec son frère cadet.

1949 — *Mon frère est né.* Cette entrée ne se trouve ni au-dessus ni en dessous de la ligne centrale, puisque je veux vous raconter une histoire illustrant une mauvaise communication. Je suis certain que j'ai remarqué que ma mère était enceinte, et j'ai dû lui demander ce que cela signifiait. Lorsqu'elle m'a dit que j'allais avoir un nouveau frère ou une nouvelle sœur, j'étais content. Toutefois, j'ai dû être déconcerté, parce que je croyais qu'il serait la même grandeur que moi à son arrivée. J'avais déjà un frère plus vieux, alors je savais que les frères étaient de ma grandeur. Lorsqu'il est arrivé à la maison, j'étais surpris. Il n'était même pas assez grand pour jouer à la balle avec nous. Voilà mon premier souvenir conscient de mon frère cadet.

1956 — Mon frère cadet brise mon arc et mes flèches. J'étais furieux. Je lui avais dit de ne pas y toucher, mais il n'avait que sept ans et voulait faire la même chose que ses frères. J'ai été dur avec lui et je l'ai fait pleurer.

1958 — Mon frère cadet vient me voir pour du réconfort et de la protection. Nos parents se disputaient, et il avait peur. Il est venu se blottir dans mon lit et voulait savoir s'il pouvait passer la nuit avec moi. J'étais fier qu'il savait qu'il était en sécurité avec moi.

1962 — Je suis entré dans les forces armées. Mon frère aîné et mon frère cadet ont organisé une fête d'adieu pour moi. Les deux m'ont dit qu'ils m'aimaient et que j'avais intérêt à être prudent. J'ai toujours su qu'ils m'aimaient, mais j'étais tout de même heureux de l'entendre.

1964   — Mon frère cadet détruit ma voiture.

J'étais à l'étranger et je lui avais dit de ne pas conduire ma voiture. Les jeunes de 15 ans n'ont pas tendance à écouter. Un jour, lorsque ma mère était au travail, il a décidé d'aller faire un tour. Le tour s'est terminé contre un poteau téléphonique.

1965   — *Je suis revenu de l'armée.* Lorsque mon frère a ouvert la porte, je n'en croyais pas mes yeux; il avait tellement grandi. Il était même plus grand que moi. Il était devenu l'homme de la maison. J'étais fier de lui.

1967 — *Mon frère cadet habite avec moi en Californie.* Vous constaterez que cette entrée se situe au-dessus et en dessous de la ligne. Nous avons eu nos hauts et nos bas. Il ne rentrait pas quand je le lui demandais. J'ai vu ce que c'était d'être parent. Il refusait de faire son lit et de faire le plein d'essence dans la voiture, et il accumulait les frais sur la facture du téléphone en appelant sa petite-amie qui habitait toujours dans notre ville natale. En même temps, nous faisions des sorties ensemble, nous avons ri, et avons passé du bon temps ensemble. Nous n'étions plus seulement des frères, mais également des amis. Il s'agit également de l'année où nous avons eu notre plus grosse dispute. Il voulait se marier et, à mon avis, ce n'était pas une bonne idée. Nous nous sommes disputés comme chat et chien. Tout compte fait, il est resté à l'école et la poussière est retombée. Je n'ai jamais pris le temps de discuter avec lui des sentiments que cette chicane a suscités chez moi.

1969 — *Mon frère cadet meurt.* Notre dernière conversation a eu lieu au téléphone. Ses amis et lui étaient en route pour me visiter en Californie. Ils se sont arrêtés pour la journée afin de se reposer. Avant de s'arrêter, il m'a appelé. Ils étaient à Las Vegas. C'était leur première fois dans cette ville, et ils voulaient voir les lumières. Comme à l'habitude, il n'avait plus d'argent et voulait m'en « emprunter ». Je lui ai dit de se rendre dans un hôtel où se trouvaient quelques-uns de mes amis afin qu'ils puissent lui en donner. Je lui ai dit « à demain », puis j'ai raccroché.

Je ne l'ai jamais vu le lendemain. Il est mort ce même après-midi. À ce moment, j'ai tellement souhaité avoir dit « je t'aime » pendant cette dernière conversation. D'autres fois, je souhaitais que cette conversation soit plus honnête et axée sur les sentiments.

John a connu et aimé son frère pendant 20 ans, mais lorsqu'il a dressé son graphique de relations pour la première fois, il avait de la difficulté à penser à des événements. Lorsqu'il a commencé à se souvenir de certains événements, ceux-ci semblaient insignifiants à première vue. Néanmoins, ces événements étaient associés aux sentiments qu'il souhaitait avoir reconnus. Ces messages non livrés sont ceux qu'il souhaitait avoir eu la chance de vivre *autrement, mieux, ou plus intensément.*

Maintenant, jetons un coup d'œil au graphique de relations de Russell, où les messages non livrés sont illustrés en caractères gras.

Le graphique sur la relation que Russell entretenait avec son ex-épouse, Vivienne

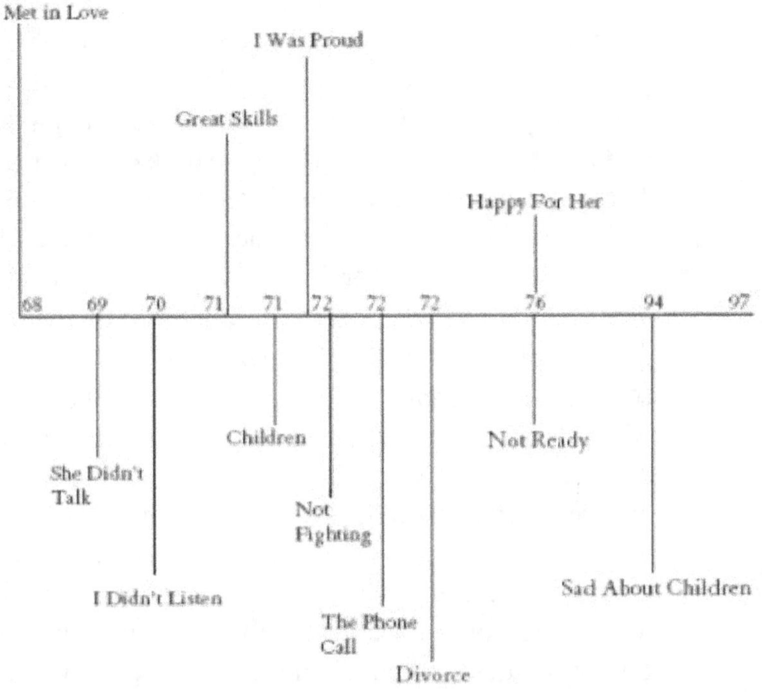

1968   — *Nous nous rencontrons un dimanche.*
Son nom était Vivienne. Nous nous sommes mariés le
mardi. Pour moi, elle était La Bonne. J'étais épris d'elle.
Elle était très jolie. Originaire de Londres, elle était très
sophistiquée. À bien y penser, je comprends que même si
elle n'avait que 19 ans, son accent anglais et ses manières
londoniennes faisaient en sorte qu'elle me semblait plus
âgée. J'avais vingtcinq ans.

1969   — *Elle semble parfois être en colère contre*
moi. Je ne me plains pas du fait qu'elle était

en colère contre moi, mais plutôt de la façon dont elle me le communiquait, ou ne me le communiquait pas.

Elle était toujours très tranquille, et l'était davantage quand il y avait un problème. **Je devais lui pardonner son refus et son incapacité de me dire ce qui se passait.** Je me sentais souvent dans l'ombre, et je me suis mis à deviner les raisons pour lesquelles elle était en colère. Cette situation me frustrait.

1970 — *J'ai des opinions bien arrêtées sur la façon dont nous devons gérer notre entreprise.* Je suis une personne très verbale, et je peux être arrogant et dominant. Malgré tous ses efforts, elle ne réussissait pas à me faire démordre de certains de mes comportements autodestructeurs. Elle essayait de me faire voir la raison, mais la plupart du temps, je la rejetais. Bien des décisions prises dans ces circonstances ont mené à des problèmes au sein de notre entreprise. Je n'ai aucun doute qu'elles ont également entraîné notre divorce. En regardant honnêtement le rôle que j'ai joué dans notre relation, je me rends compte que je lui dois des excuses pour mon attitude impérieuse et dogmatique. Je ne regrette pas uniquement ce qui m'est arrivé et ce qui est arrivé à notre entreprise, **mais je regrette sincèrement de ne pas avoir été en mesure d'écouter cette personne qui essayait de me parler et de m'aider.**

1971 — *Nos capacités uniques se marient bien lorsque nous ouvrons les portes de notre restaurant ensemble.* Nous étions des personnes très différentes, avec différentes personnalités et différentes compétences. J'étais l'hôte et le spectateur amical, et elle débordait de créativité lorsque venait le temps de faire la cuisine et les pâtisseries. **Je n'ai jamais profité de l'occasion pour lui dire à quel point j'appréciais ses compétences et l'équilibre qu'elle apportait à l'aspect professionnel de nos vies.**

1971   *— Elle veut des enfants.* Mis à part nos conflits de personnalités, nous n'avions pas de différences majeures en matière d'opinions ou de philosophies. Nous étions plutôt en accord sur ce que nous faisions et où nous voulions nous rendre, à l'exception d'un sujet important : Vivienne voulait des enfants. Cela lui semblait très important. Après toutes les difficultés que j'ai rencontrées au cours de ma jeunesse, je me sentais enfin libre et je n'étais pas prêt à avoir des enfants. **Je devais lui pardonner pour le rôle qu'a joué la question des enfants dans sa demande de divorce. J'avais également besoin de m'excuser auprès d'elle pour ne pas avoir connu la vérité à mon égard, et ne pas lui en avoir fait part.**

Au cours de nos quatre années mouvementées ensemble, nous avons connu énormément de bonheur. Nous avons accueilli beaucoup de célébrités, et avons également été accueillis par beaucoup de célébrités. Nous étions « la coqueluche de la ville ». J'étais ravi d'assister à ces événements avec elle. Saisi par l'énergie de notre style de vie et de notre entreprise, je me suis rarement arrêté pour lui faire part des émotions importantes que je vivais.

Même si nous nous disions le « je t'aime » obligatoire chaque soir, **je ne lui ai jamais dit ce qu'elle représentait pour moi, comment j'étais fier d'être à ces côtés, et à quel point je la trouvais incroyable.**

J'étais habituellement préoccupé avec les activités quotidiennes de notre restaurant. Je n'étais pas conscient de ce qui se passait dans notre mariage. *J'ai déjà dit que je lui devais des excuses pour mes comportements impérieux.* Il n'est pas réaliste de songer à cette relation et de conclure que seul le rôle que j'y ai joué et mes défauts ont mené à sa destruction. Même si j'ai besoin de lui présenter des excuses pour ma domination verbale arrogante, **je dois aussi lui pardonner sa tranquillité et son refus de se battre pour ce en quoi elle croyait; je dois lui pardonner d'avoir renoncé à tout.**

1972 — *Elle amorce le divorce.* Plus le mariage progressait, plus j'étais désorienté. D'un côté, j'étais au comble du bonheur et j'ignorais que notre petit paradis connaissait des problèmes. Nous avions une entreprise florissante et du mieux de mes connaissances, un mariage heureux. D'un autre côté, je vois clairement que les problèmes dans notre mariage s'accumulaient grandement. Un jour, mon épouse m'a appelé pour me dire qu'elle me quittait, et me demandait le divorce. Cet appel est très net dans ma mémoire. Elle n'a pas tenté de me parler en personne, elle l'a fait au téléphone. **Pour moi, il s'agissait d'un autre exemple de son incapacité à**

communiquer, et je devais lui pardonner de m'annoncer cette nouvelle de cette façon.

Pour moi, le divorce était soudain. Dans les premières semaines suivant le divorce, je suis certain que j'ai dû marcher et parler, mais je ne me souviens de pratiquement rien. La seule chose que je savais à propos de cette perte est que je devais *rester fort pour les autres.* Maintenant, j'étais « l'autre », et j'ignorais ce que je devais faire. Pendant ce temps, j'ai eu une révélation. Je me suis rendu compte que ma plus grosse plainte au sujet de notre relation était son refus de me parler lorsque nous avions un problème. D'un autre côté, je me suis rendu compte que lorsqu'elle me parlait, je ne l'écoutais pas. Je ne savais pas quoi faire avec cette prise de conscience. **Ce n'est que beaucoup plus tard que j'ai appris que je devais lui pardonner de ne pas avoir parlé, et lui présenter mes excuses puisque je ne l'ai pas écoutée.**

Le divorce a mis fin à la relation conjugale. Tandis que le divorce met fin à la plupart des aspects physiques de la relation, les aspects émotionnels et spirituels continuent. Souvent, dans le cadre d'un divorce, les composantes émotionnelles et spirituelles changent davantage que dans le cadre d'un décès. Au cours des vingt-cinq années depuis mon divorce d'avec Vivienne, quelques événements notables m'ont aidé à découvrir d'autres aspects de notre relation qui demeuraient inachevés.

1976 — Vivienne m'annonce qu'elle et son nouveau conjoint ont adopté deux bébés garçons.

Peu après, elle est tombée enceinte et a accouché d'une petite fille. Mes sentiments à ce moment étaient partagés. Bien entendu, j'étais ravi pour elle. J'ai toujours su qu'elle ferait une excellente mère. Mais une autre partie de moi était blessée. Je me suis souvenu de vieux espoirs, rêves et attentes que j'avais lorsque nous étions ensemble. **Je devais lui pardonner de ne pas attendre que je sois prêt à avoir des enfants.**

Il reste un détail émotionnel important à mentionner au sujet de ma relation avec Vivienne : en 1974, j'ai rencontré et épousé Jeanne. Lorsque Jeanne et moi avons commencé notre relation, sa fille, Kelly, avait cinq ans. Je joue le rôle du père de Kelly depuis plusieurs années déjà. Ainsi, j'ai été en mesure de ressentir tous les sentiments qu'éprouverait un parent. J'adore Kelly, et je chéris notre relation.

1994 — Un de mes bons amis adopte une petite fille et l'appelle Gabrielle. Elle est rapidement devenue Gabi, et a volé mon cœur encore plus rapidement. Elle n'avait que sept mois lorsqu'elle est entrée dans ma vie. Je me suis immédiatement désigné comme son oncle préféré. J'ai même installé un siège d'auto dans ma voiture pour elle. Dès ses premiers jours parmi nous, j'étais déjà épris d'elle. Au début, ma conjointe Alice et moi étions surpris de l'attention que je portais à ce bébé.

Une bonne journée, alors que j'animais un séminaire sur le rétablissement du deuil, j'ai commencé à parler de Gabi. L'instant d'après, j'avais les yeux pleins d'eau. J'ai alors réalisé ce qui se passait. Kelly avait cinq ans lorsqu'elle est entrée dans ma vie. Je n'avais jamais eu l'occasion d'interagir avec un bébé. Même si je n'étais que son « oncle », j'ai fait plusieurs activités avec Gabi. Je l'ai appris à se traîner, à monter sur un poney, à jouer aux osselets, et à lancer une balle.

Après cette prise de conscience, je me suis rendu compte de ce que j'ai manqué avec Vivienne. Je n'ai pas eu la chance d'être un parent avec elle. À ce moment, j'étais attristé. Étant donné que je lui avais déjà présenté mes excuses et que je l'avais déjà pardonné indirectement, ce qui restait était l'image de nous comme parents, que je tenais dans mon cœur depuis que je l'avais rencontrée en 1968. **J'étais très attristé du fait que nous n'avions pas eu d'enfants ensemble.**

QUATRIÈME DEVOIR : CRÉER VOTRE GRAPHIQUE DE RELATIONS

Pour commencer votre graphique de relations, vous devez choisir une relation sur laquelle vous voulez travailler en premier, que vous travailliez seul ou avec un partenaire. Utilisez une feuille d'au moins 8 ½ x 11 po. Tournez votre feuille à l'horizontale, et dessinez une ligne de gauche à droite, au centre de la page. L'extrémité gauche représente le début de la relation. Si vous avez choisi un parent, cette date est probablement la même que votre premier souvenir conscient. Pour toutes les autres relations, ce sera l'année où vous avez rencontré cette personne. L'extrémité droite de la ligne représente l'année en cours; inscrivez celle-ci maintenant. Si vous représentez le graphique d'une mort ou d'un divorce, inscrivez l'année de cet événement à l'endroit approprié. Les relations ne se terminent pas avec une mort ou un divorce.

PREMIER SOUVENIR CONSCIENT — LA MORT D'UN BÉBÉ

Si vous tentez de surmonter un deuil causé par la mort d'un enfant (mort-né, fausse couche, avortement, ou syndrome de mort subite de nourrisson [SMSN]), le premier souvenir conscient aura lieu un peu plus tôt que la plupart des autres relations. Généralement, lorsqu'une femme apprend qu'elle est enceinte, *sa relation émotionnelle avec son enfant commence.* Les femmes décrivent également que leurs sentiments changent lorsqu'elles ressentent les premiers mouvements du bébé à l'intérieur d'elles. Au cours des prochaines semaines, elles demandent constamment à leur époux « Ne peux-tu pas ressentir les mouvements? » Le mari place sa main sur le ventre de son épouse, mais ne ressent rien encore. Enfin, il ressent un léger coup de pied, et à ce moment, *sa relation émotionnelle*

commence. **Même si elle est dès lors imaginaire sur le plan physique, cette relation est vraie sur le plan émotionnel.**

Lorsque l'épouse de John est tombée enceinte de leur fils (celui qui est décédé en 1977), et qu'il a ressenti les premiers mouvements, son cerveau s'est immédiatement mis à créer des espoirs, des rêves et des attentes. Son enfant allait avoir tout ce qu'il n'avait jamais eu en grandissant. Même s'il n'y avait pas encore de relation physique, la relation émotionnelle était présente pour John et son épouse.

Tout au long du présent guide, nous avons parlé de l'accomplissement de relations qui ont existé, mais dans le cas de la mort d'un bébé, nous devons accomplir une relation qui devait être, mais qui n'a jamais été. John se souvient que lorsque son fils est mort, il était debout à l'extérieur de la pouponnière en pensant « Il ne saura jamais tout ce que j'allais faire pour lui. Il ne saura jamais à quel point je l'aimais. » Voilà les espoirs et les rêves qu'il avait, mais qui ne se réaliseraient jamais en raison de la mort. Tous les parents veulent donner à leurs enfants ce qu'ils n'ont jamais eu en grandissant. Une fois cette idée établie, que faites-vous des pensées et des sentiments si l'enfant

meurt? Ce type de problème doit être accompli, tout comme les autres.

Ensuite, repensez au début de votre relation, et reconstruisez-le du mieux que vous le pouvez. Votre objectif est d'identifier les messages non livrés. Laissez vagabonder votre esprit. Inscrivez tout ce qui vous vient en tête. Décidez si les événements sont positifs (au-dessus de la ligne) ou négatifs (en dessous de la ligne). Il se peut que vos souvenirs ne vous viennent pas en ordre chronologique. Identifiez tant les malentendus que les événements mémorables. Évitez de modifier ou de limiter ces souvenirs. Notez tout ce dont vous vous souvenez. L'honnêteté et l'exhaustivité sont essentielles. Vous pouvez jeter un coup d'œil aux commentaires de Russell au sujet des incidents sur son graphique et aux messages émotionnels non livrés associés à chacun d'eux.

Évitez de porter des jugements sur les événements qui se sont passés. Évitez de tenter d'intellectualiser. Seuls les sentiments que vous aviez lorsque ces événements ont eu lieu important. Concentrez-vous uniquement sur la relation en question, sinon votre attention pourrait se tourner vers d'autres relations connexes.

Nous vous suggérons de consacrer à peu près une heure à cette activité. Essayez de vous souvenir de dix événements à marquer. Si vous éprouvez des difficultés, vous pouvez jeter un coup d'œil aux exemples donnés dans le livre; ils déclencheront peut-être vos propres souvenirs.

Pour maintenir la véracité et la justesse et éviter l'idéalisation ou la diabolisation, nous vous recommandons d'avoir au moins deux événements au-dessus de la ligne, et au moins deux événements en dessous de la ligne. Certains d'entre vous auront peut-être de la difficulté à vous permettre de penser à des aspects négatifs reliés à une relation positive. De l'autre côté, certains d'entre vous auront de la difficulté à identifier des événements positifs dans votre relation avec un être qui ne vous est pas cher.

Par exemple, dans nos souvenirs relatifs à un parent maltraitant, nous trouvons habituellement difficile d'évoquer des aspects positifs ou d'attribuer une valeur positive à tout ce qui s'est passé au cours de cette relation. Pour éviter le risque de créer un portrait injuste et plus grand que nature, nous devons nous efforcer d'être honnêtes. Même si un parent a été maltraitant, celui-ci a assurément payé le loyer et acheté de la nourriture et des vêtements. Se souvenir des contributions positives d'un parent maltraitant ne minimise en aucun cas le tort qu'il a fait, mais permet plutôt de créer un portrait véritable de la relation. Toutes les relations ont des aspects positifs et négatifs.

Certaines relations sont partagées et, au fil du temps, peuvent passer du positif au négatif, et viceversa. Il n'est pas rare d'avoir une bonne relation avec un parent au cours de sa jeunesse, une mauvaise relation pendant l'adolescence, puis une bonne relation à nouveau à l'âge adulte; vous devez ainsi revoir la relation dans son ensemble. Vous découvrirez probablement certains aspects reliés à des incidents au cours des périodes difficiles qui n'ont pas été communiqués. Évitez de penser que puisque votre relation récente était bonne, tous les problèmes et les incidents du passé ont été accomplis.

Vous seul êtes le juge. Ne laissez pas quiconque vous influencer. Une femme qui a assisté à l'un de nos séminaires nous a dit que l'un de ses meilleurs souvenirs de son père était la fois où il l'a emmenée dans un saloon et l'a assise sur le bar pendant qu'il buvait et riait avec ses amis. Certains diront qu'il était irresponsable pour un parent d'emmener une petite fille dans un tel environnement. Les autres n'ont pas de droit de vote dans vos souvenirs à propos de votre relation. Tout ce qui compte, c'est l'exactitude de ces souvenirs et ce qu'ils représentent pour vous.

Des souvenirs positifs peuvent varier entre tout simplement s'asseoir ensemble sur la véranda ou aller en vacances, se tenir par la main en regardant le soleil se coucher, ou élever des enfants ensemble. Une personne peut accorder beaucoup d'affection à des souvenirs comme une nouvelle robe, un nouveau jouet, des cours de natation, ou les conseils d'un parent. N'écartez pas un souvenir simplement parce que vous pensez qu'il est insignifiant.

Un souvenir malheureux ou négatif peut être aussi simple qu'un désaccord. Les enfants se souviennent souvent distinctement des punitions. Les punitions pour des infractions qu'on n'a pas commises sont particulièrement importantes. L'injustice reliée à une punition non fondée s'accompagne souvent de répercussions qui durent toute une vie. Comme il en est pour les souvenirs positifs, il n'existe pas de souvenirs négatifs trop insignifiants dans le cadre de cet exercice.

Utilisez toute la longueur de votre ligne, au-dessus et en dessous, pour indiquer l'intensité de vos sentiments au moment de l'événement. Le fait qu'il y ait plus d'événements au-dessus ou en dessous de la ligne n'a pas d'importance; la seule chose qui importe est que le graphique représente la vérité. Ne portez pas attention à ce que les autres penseront ou diront, car personne d'autre ne verra ce graphique. C'est maintenant à votre tour. À la plume!

CINQUIÈME RENCONTRE ENTRE PARTENAIRES

Félicitations! Vous avez terminé votre graphique de relations! Au cours de cette rencontre, les partenaires partageront leurs graphiques. D'abord, réaffirmez votre engagement envers la franchise totale, la confidentialité absolue, et le caractère unique et individuel de votre processus de rétablissement. Comme toujours, rencontrez-vous dans un endroit privé où vous vous sentez à l'aise de pleurer. Gardez des mouchoirs à portée de main.

Assurez-vous d'emporter vos graphiques de relations.

Directives pour le partenaire qui écoute

1. Asseyez-vous à une distance raisonnable de votre partenaire; vous voulez éviter d'avoir l'impression d'être dans l'espace personnel de votre partenaire ou de l'étouffer.
2. Donnez-vous le droit de rire ou de pleurer en tant que partenaire qui écoute s'il y a lieu, mais *vous ne devez pas parler!*
3. Évitez de toucher votre partenaire; le toucher interrompt habituellement les sentiments.
4. Souvenez-vous de l'image du cœur avec des oreilles. Restez dans le moment présent du mieux que vous le pouvez et portez une attention particulière à l'histoire de votre partenaire.

Directives pour le partenaire qui parle

1. Commencez par raconter l'histoire de la relation qui fait l'objet de votre graphique, en commençant soit par votre premier souvenir conscient ou par la date où vous avez rencontré la personne en question. Généralement, un graphique au sujet d'un parent commence par le premier souvenir conscient, tandis qu'un graphique au sujet d'un conjoint commence par l'année où vous vous êtes rencontrés. Voici un exemple de chacun : « Je suis né en 1943, mais mon premier souvenir conscient en lien avec mon père est en 1947, lorsque j'avais quatre ans. Je me souviens qu'il m'avait emmené boire

un lait frappé. J'en ai pris un aux fraises, qui demeure ma saveur préférée à ce jour. » « J'ai rencontré mon épouse à la fête d'un ami. Je n'oublierai jamais à quel point sa beauté m'a coupé le souffle. »

2. À mesure que vous avancez dans les événements de votre graphique, vous compléterez des aspects de l'histoire de votre relation avec cette personne de façon intuitive. Faites attention, évitez de partir sur une tangente ou de parler d'autres relations. Faites également attention de ne pas transformer votre histoire en monologue. L'histoire de votre relation ne devrait pas prendre plus d'une demi-heure. Vous pouvez prendre un peu plus de temps, mais pas trop. Il convient de vous en tenir aux événements qui se trouvent dans votre graphique.

3. Si vous pleurez, essayez tout de même de continuer à parler. Forcez les mots hors de votre bouche plutôt que de les avaler. Nous avons tous tendance à emprisonner nos sentiments dans notre gorge.

4. Demandez à votre partenaire de vous donner un câlin lorsque vous avez terminé de parler de votre graphique (si vous avez établi que les câlins sont acceptables). Vous devriez tous deux éviter de discuter de ce que vous venez de faire. À ce moment, vous risquez de créer un sentiment de jugement, d'évaluation ou de critique.

Prenez une pause, puis laissez votre partenaire raconter l'histoire de son graphique. Planifiez ensuite votre prochaine rencontre.

Pour les personnes qui travaillent seules Puisque vous travaillez seul, il pourrait vous être utile de considérer les graphiques de relations de John et Russell comme étant des partenaires silencieux. Relisez leurs graphiques, puis examinez le vôtre. Notez les similarités et les différences entre les trois graphiques.

12

Vous y êtes presque : convertir son graphique de relations en composantes de rétablissement

Afin de communiquer et accomplir les découvertes faites grâce à votre graphique de relations, vous devez les classer dans l'une de ces trois catégories.

Les excuses.
Le pardon.
Les déclarations émotionnelles importantes.

Même si elles semblent simples, ces trois catégories suffisent pour exprimer tout message émotionnel non livré.

LES EXCUSES

Vous présentez des excuses pour tout *ce que vous avez fait ou n'avez pas fait* qui aurait pu blesser une autre personne. Vous devez peut-être des excuses pour quelque chose que vous avez fait (« je suis désolé d'avoir pris l'argent dans ton portefeuille ») ou pour quelque chose que vous n'avez pas fait (« je suis désolé de ne pas être venu te voir à l'hôpital »). Il se peut que vous n'ayez pas communiqué un point positif avant le décès ou le divorce (« je suis désolé de ne pas t'avoir eu remercié pour le cadeau »). Cette catégorie est plutôt axée sur vous et votre perception de vos propres actions ou inactions. Si vous sentez que quelque chose que vous avez fait ou que vous n'avez pas fait a blessé ou offensé l'autre personne, inscrivez-le. Il est important d'éviter de se juger soi-même; l'objectif est d'accomplir la relation, et non de se blesser davantage. Dans la plupart des cas, vos excuses constituent une communication privée entre vous et votre partenaire. Occasionnellement, vous découvrirez une excuse que vous pourrez présenter à une personne qui est toujours en vie. Toutefois, certaines excuses doivent demeurer indirectes.

LES VICTIMES ONT DE LA DIFFICULTÉ À PRÉSENTER DES EXCUSES

Certaines personnes établissent des relations durables avec leur douleur, et agissent comme des victimes. Souvent, cette façon de penser ne fait que limiter ces personnes et elles ne s'en rendent pas compte, puisqu'il s'agit d'une réaction presque automatique à la plupart des circonstances de la vie.

Le fait que quiconque soit maltraité est horrible. Il est évidemment épouvantable lorsqu'il s'agit d'enfants, puisqu'ils n'ont pas de moyen de se défendre.

« Les victimes » ont de la difficulté à s'excuser. Souvent, ce sens de victimisation crée de fausses images. Néanmoins, vous devez vous excuser pour vos fautes, peu importe l'importance, peu importe la fréquence. Souvenez-vous que vous ne pouvez pas connaître l'accomplissement si vous n'êtes pas complètement honnêtes.

Parfois, notre désir d'avoir raison peut nous empêcher de présenter des excuses. Notre sens de la justesse ou notre conviction d'avoir raison nous empêche d'être complètement honnêtes à l'égard de nos actions ou inactions. Soyez attentifs à cette possibilité si vous travaillez sur une relation avec une personne moins proche. On a tendance à se laisser emporter par l'idée que l'autre personne nous a causé du tort. Même s'il est vrai, vous devez tout de même vous excuser pour ce que vous lui avez fait.

PARDON

Pardonner, c'est *abandonner l'espoir d'un passé différent ou meilleur.*

Le pardon est l'un des concepts les moins compris du monde. La plupart des personnes semblent confondre les mots *pardonner* et *tolérer.* Les traductions libres suivantes des définitions comprises dans le dictionnaire *Merriam-Webster's Tenth Collegiate Dictionary* illustrent le problème :

PARDONNER : « cesser d'éprouver de la rancune contre (un contrevenant) » [TRADUCTION LIBRE]
EXCUSER : « traiter une action comme banale, inoffensive, ou sans importance »
[TRADUCTION LIBRE]

Si nous estimons ces deux mots synonymes, il serait pratiquement impossible de pardonner. L'implication que nous puissions banaliser un événement horrible est inacceptable. Toutefois, si nous prenons la définition du mot *pardon* fournie par le *Merriam-Webster,* nous sommes sur la bonne voie.

Toute rancune que l'on tient à l'égard d'événements passés limite notre capacité de vivre notre vie pleinement. Tout rappel de la personne où de l'événement en question peut nous amener à revivre les émotions inachevées qui y sont rattachées.

Un rétablissement réussi nécessite l'accomplissement de la douleur, plutôt que le maintien de la rancune.

Le sujet du pardon renferme plusieurs croyances transmises de génération en génération. Certaines personnes ont développé une telle résistance au mot *pardon* qu'elles sont même incapables de prononcer le mot. Nous avons récemment aidé une de ces personnes. La femme en question appelait simplement ce mot, « le mot en P ». Nous lui avons donné la phrase suivante à prononcer : *je reconnais les choses que tu as faites ou pas qui m'ont blessé, et je ne les laisserai plus me blesser.* On peut également utiliser la variation suivante : *je reconnais les choses que tu as faites ou pas qui m'ont blessé, et je ne laisserai plus mes souvenirs de ces incidents me blesser.*

Les gestes insensibles, involontaires et parfois nocifs que d'autres ont effectués nous ont blessés. Notre rancune et notre incapacité de pardonner nous causent du tort, mais pas à eux. Imaginez si le contrevenant mourait. Est-ce que votre rancune peut le blesser? Non, bien évidemment! Peut-elle vous blesser? Malheureusement, oui. Comme il en est le cas avec toutes les composantes du rétablissement, l'objectif de nos gestes est de nous libérer. Nous pardonnons afin de réacquérir notre propre bien-être. *Le pardon n'a rien à voir avec l'autre personne.*

Le pardon est un geste, et non un sentiment

Vous ne pouvez pas ressentir le pardon avant d'avoir pardonné. Bien des personnes disent « Je ne peux pas lui accorder le pardon, car je ne le ressens pas. » Nous répondons alors qu'il est bien évident que non. Vous ne pouvez pas ressentir quelque chose que vous n'avez pas fait. Le sentiment de pardon peut seulement découler de sa verbalisation. Le geste tout d'abord, puis le sentiment.

Pardonner signifie abandonner notre rancune à l'égard de l'autre personne. Il se peut que vous deviez lui pardonner pour quelque chose qu'elle a fait (« je te pardonne d'avoir gâché ma fête d'anniversaire ») ou pour quelque chose qu'elle n'a pas fait (« je te pardonne d'avoir manqué ma remise des diplômes »).

Il existe une expression étrange : « Je peux pardonner, mais je ne peux pas oublier. » Celle-ci mélange deux idées distinctes qui ne sont pas directement reliées. Imaginez qu'on vous a abusé physiquement pendant plusieurs années. Il est absolument impossible d'oublier ces incidents. L'expression « Je peux pardonner, mais je ne peux pas oublier » sous-entend qu'étant donné que je ne peux pas oublier, je ne pardonnerai pas. Posez-vous les questions suivantes : qui demeure en prison? Qui continue d'éprouver de la rancune et doit fermer son esprit, son corps et son cœur au monde? Lequel des deux voit sa vie limitée par le manque de pardon?

On nous demande souvent s'il est approprié de pardonner à quelqu'un en personne lorsque celle-ci est en vie. Notre réponse est : *NON! NON! NON!*

Un pardon non sollicité est presque toujours perçu comme une attaque. La personne à qui l'on pardonne ne doit jamais savoir qu'on lui a pardonné. *Souvenez vous, vous ne devez jamais pardonner à quelqu'un en personne.*

Une dernière note : plusieurs demandent aux autres de les pardonner. Nous estimons qu'il s'agit d'une grave erreur. En fait, lorsque vous demandez à une autre personne de vous pardonner, vous la manipulez : vous lui demandez de faire quelque chose que vous devez vous-même faire. De plus, lorsque vous demandez à une personne décédée de vous pardonner, vous demandez à une personne décédée d'effectuer une action. Mis à part les croyances spirituelles, il est clair que c'est *vous qui devez effectuer une action,* plutôt que demander à quelqu'un d'autre de le faire pour vous. Si vous demandez le pardon, vous tentez réellement de présenter des excuses pour quelque chose que vous avez fait ou dit. N'essayez pas de vous excuser, faites-le. Ne demandez pas le pardon. Présentez vos excuses.

LES DÉCLARATIONS ÉMOTIONNELLES IMPORTANTES

Tout message émotionnel non livré qui n'est ni une excuse ni un pardon se trouve dans la catégorie des déclarations émotionnelles importantes. Voici une liste d'exemples :

Je t'ai aimé.

Je t'ai détesté.

J'étais très fier de toi.

J'avais très honte de toi.

Merci pour tous les sacrifices que tu as faits pour moi.

Je suis reconnaissant du temps que nous avons passé ensemble.

Cette catégorie est à la fois simple et profonde. Elle vous permet de transmettre tous les messages non livrés qui font en sorte que vous êtes toujours inachevé. Même si une déclaration peut sembler anodine, *l'accumulation de toute une vie de messages non livrés peut contribuer à un sentiment d'inachèvement.*

Nous avons utilisé la phrase *autrement, mieux, ou plus intensément* dans l'ensemble du guide. Voici une explication de cette phrase : à la suite d'un décès ou d'un divorce, nous découvrons presque toujours des choses que nous souhaitons avoir dites ou faites, ou des choses que nous souhaitons ne pas avoir dites ou faites. Nous nous souvenons également de choses que souhaitons que l'autre personne aurait dites ou faites, ou n'aurait pas dites ou faites. Ces messages non livrés se classent dans les *déclarations émotionnelles importantes.* Lorsque la mort, le divorce ou d'autres circonstances mettent fin à une relation ou changent celle-ci, nous avons presque toujours le sentiment que nos *espoirs, nos rêves et nos attentes* ont été brisés. Ces déclarations émotionnelles importantes sont reliées à notre prise de conscience de ce sentiment. Il est maintenant temps d'exprimer par des mots les pensées et les sentiments que nous n'avons pas eu l'occasion de communiquer en raison de la perte.

Il n'est jamais approprié de faire une déclaration émotionnelle importante négative à une personne vivante. Tout commentaire négatif sera perçu comme une attaque.

Félicitations! Vous avez maintenant terminé votre graphique de relations.

CINQUIÈME DEVOIR : CLASSER LES ENTRÉES

Il est maintenant de temps de convertir votre graphique de relations en composantes du rétablissement : excuses, pardon, et déclarations émotionnelles importantes. Prenez une nouvelle feuille, et préparez-la de la façon suivante :

Excuses :

Pardon :

Déclarations émotionnelles importantes :

Maintenant, sortez votre graphique de relations. Classez chaque événement dans les catégories de rétablissement. Généralement, les événements qui se trouvent au-dessus de la ligne se classeront dans les catégories « excuses » ou « déclarations émotionnelles importantes. » Ainsi, les événements qui se situent en dessous de la ligne se classeront dans les catégories « pardon » ou « déclarations émotionnelles importantes. » Certains événements, surtout les événements négatifs, pourront se classer dans deux catégories. Par exemple : « Papa, je désire te remercier de m'avoir amené à ma partie de baseball (déclaration émotionnelle importante), mais je dois te pardonner de m'avoir dit que j'étais le pire joueur sur le terrain (pardon). »

Un bon nombre d'événements qui figurent dans votre graphique auront une entrée correspondante dans au moins une des catégories du rétablissement. Ne vous en faites pas si vous répétez des messages que vous pensez déjà avoir livrés à quelqu'un. Ne vous en faites pas si vous avez plus d'un événement dans le même message. Plus tard, vous aurez l'occasion de parfaire cet exercice. Évitez d'apporter des modifications à votre travail; on vous demande simplement de tout écrire.

SIXIÈME RENCONTRE ENTRE PARTENAIRES

Au cours de cette rencontre, vous partagerez votre liste de messages menant au rétablissement. D'abord, réaffirmez votre engagement envers la franchise totale, la confidentialité absolue, et le caractère unique et individuel de votre rétablissement individuel. Comme toujours, rencontrez-vous dans un endroit où vous vous sentez à l'aise de pleurer. Gardez des mouchoirs à portée de main.

Assurez-vous d'emporter votre graphique de relations ainsi que vos trois listes de catégories menant au rétablissement (excuses, pardon et déclarations émotionnelles importantes).

Directives pour le partenaire qui écoute

1. Asseyez-vous à une distance raisonnable de votre partenaire; vous voulez éviter d'avoir l'impression d'être dans l'espace personnel de votre partenaire ou de l'étouffer.
2. Donnez-vous le droit de rire ou de pleurer en tant que partenaire qui écoute s'il y a lieu, mais *vous ne devez pas parler!*
3. Évitez de toucher votre partenaire; le toucher interrompt habituellement les sentiments.
4. Souvenez-vous de l'image du cœur avec des oreilles. Restez dans le moment présent du mieux que vous le pouvez et portez une attention particulière à l'histoire de votre partenaire.

Directives pour le partenaire qui parle

1. Il est l'heure de lire votre liste d'excuses, de pardon et de déclarations émotionnelles importantes. Il n'existe pas de façon parfaite de le faire, mais voici une méthode qui fonctionne pour la plupart. Commencez par la catégorie « excuses » : « Je dois présenter des

excuses à mon père pour la fois où j'ai volé de l'argent de ses poches », ou « Je dois des excuses à ma mère pour lui avoir menti la fois où je suis rentré tard. » Dans cet exercice, nous reconnaissons le besoin de livrer ces messages qui mèneront au rétablissement. En fait, nous les préparerons dans notre prochain devoir.

2. Utilisez la même technique pour la catégorie « pardon » : « Je dois pardonner mon père », et ainsi de suite. Faites de même pour les déclarations émotionnelles importantes : «
J'ai besoin de dire à mon père comment… », et ainsi de suite.

3. Si vous pleurez, essayez tout de même de continuer à parler. Forcez les mots hors de votre bouche plutôt que de les avaler. Nous avons tous tendance à emprisonner nos sentiments dans notre gorge.

4. Lorsque vous terminez votre graphique, demandez à votre partenaire de vous faire un câlin (si vous avez jugé qu'il est acceptable de le faire). Vous devriez tous deux éviter de discuter de ce que vous venez de faire. À ce moment, vous risquez de créer un sentiment de jugement, d'évaluation ou de critique.

Prenez une pause, puis laissez votre partenaire lire sa liste.

Planifiez ensuite votre prochaine rencontre.

Pour les personnes qui travaillent seules Puisque vous travaillez seul, il pourrait vous être utile de considérer les graphiques de relations de John et Russell comme étant des partenaires silencieux. Relisez leurs graphiques, puis examinez le vôtre. Constatez les similarités et les différences entre les messages non livrés. Ajoutez plus d'éléments dans votre graphique si possible et soyez minutieux.

DE LA DÉCOUVERTE À L'ACCOMPLISSEMENT

Après avoir effectué les actions proposées dans le présent guide jusqu'à maintenant, vous êtes prêt à effectuer les actions pour accomplir votre perte. Depuis la survenue de la perte sur laquelle vous travaillez, vous vous êtes probablement familiarisé avec la douleur qui y est associée. Il est maintenant le temps d'accomplir votre relation avec cette douleur en accomplissant tout ce qui demeure inachevé entre vous et la personne faisant l'objet de votre graphique.

Selon les suggestions d'amis bien intentionnés, plusieurs personnes écrivent des lettres d'adieu aux personnes décédées. Les idées erronées constituent les plus grands obstacles au rétablissement. Écrire une lettre d'adieu, sans le bon contenu, est l'une de ces idées. Le concept de l'écriture d'une lettre d'adieu date de loin. Au cours des 50 dernières années, les lettres d'adieu ont perdu leur motif principal d'accomplissement. Malheureusement, elles ne représentent souvent qu'une récitation d'événements et d'émotions, comme un bulletin d'information. Les personnes ayant écrit ces lettres rapportent une certaine mesure de soulagement à court terme, mais pas de soulagement à long terme. Nous avons parlé à des personnes qui ont écrit une lettre d'adieu, mais qui n'ont pas effectué les actions décrites dans ce guide. Toutes ces tentatives d'accomplissement se sont soldées par un échec. Pour connaître une réussite, il est essentiel de convertir le travail effectué en lettre *d'accomplissement,* plutôt qu'en lettre *d'adieu* ou en bulletin d'information.

DERNIER DEVOIR : LETTRE D'ACCOMPLISSEMENT DU RÉTABLISSEMENT DU DEUIL

La lettre d'accomplissement du rétablissement du deuil (*Grief Recovery Completion Letter* ©) vous aidera à accomplir tous les aspects de la relation qui, jusqu'à ce point, étaient inachevés. La lettre vous permet de garder tous les bons souvenirs et les aspects positifs de la relation. Vous pouvez également garder toutes vos croyances à l'égard du paradis et vos autres principes spirituels. Vous serez maintenant en mesure de dire adieu à toute douleur que vous associez à cette relation, ainsi qu'à tous les espoirs, les rêves et les attentes non réalisés. Vous pourrez également dire adieu à l'attente irréaliste d'obtenir quelque chose d'une personne qui ne veut pas ou ne peut pas vous le donner. Il importe de se souvenir que le mot « adieu » marque la fin de cette communication, *mais ne marque pas la fin de la relation.*

Il est maintenant le temps d'écrire votre lettre d'accomplissement. Nous ne voulons pas que cette lettre soit pour vous une tentative de rétablissement infructueuse. Nous vous suggérons alors d'éviter de discuter de ce que vous faites avec quiconque. Vos amis et les membres de votre famille ne vous veulent que du bien, mais ils n'ont pas lu la même chose que vous. Ils n'ont pas effectué le travail que vous avez effectué. Lisez attentivement les directives cidessous.

Directives générales

Il vaut mieux écrire votre lettre seul, du début à la fin, en une séance. L'écriture de cette lettre peut constituer une expérience pénible sur le plan émotionnel, et vous serez tenté d'éviter cette douleur. Vous avez déjà prouvé votre courage; puisez dans celui-ci pour écrire votre lettre. Beaucoup savent depuis longtemps ce qui était inachevé sur le plan émotionnel; seulement, ils ne savent pas quoi en faire.

Directives précises

Consacrez au moins une heure à l'écriture de votre lettre. Pour assurer une écriture efficace de votre lettre, il convient d'avoir votre graphique de relations et vos listes d'excuses, de pardon et de déclarations émotionnelles importantes devant vous. Relisez votre graphique et vos listes, puis commencez à écrire. Votre graphique et vos listes peuvent contenir de nombreuses répétitions. Il n'est pas nécessaire de répéter les mêmes messages dans votre lettre. Utilisez cette lettre pour les rendre le plus concis possible. Votre lettre devrait être principalement axée sur les catégories de rétablissement. Il n'y a aucune limite quant au contenu de votre lettre; toutefois, plus celle-ci est longue, plus on perd en intensité émotionnelle. Il s'agit de votre chance de faire part de vos messages non livrés les plus importants. Généralement, deux ou trois pages suffisent, mais vous pouvez en écrire un peu plus, ou un peu moins. Si votre lettre compte plus de cinq pages, il conviendrait de vous demander si votre lettre est devenue un bulletin d'information ou si vous vous répétez.

L'écriture de cette lettre peut constituer ou non une expérience émotionnelle pour vous. Ne vous en faites pas si elle ne l'est pas. Toutes les personnes endeuillées sont différentes et uniques.

Voici un format de lettre utile.

Cher Papa (utilisez le nom ou le titre qui représente le mieux la façon dont vous vous souvenez de cette personne),

J'ai passé notre relation en revue, et j'ai découvert des choses que je voulais te dire.

Papa, je m'excuse de …
Papa, je m'excuse de …
Papa, je m'excuse de …

*(Il est probable que vous énumériez plus de trois messages non li[vrés]
dans cette section. Il convient de les regrouper selon la catégorie.)*

Papa, je te pardonne de...
Papa, je te pardonne de...
Papa, je te pardonne de...

(Il est probable que vous énumériez plus de trois messages non livrés dans cette section. Il convient de les regrouper selon la catégorie.)

Papa, je tiens à te dire que... (déclaration émotionnelle importante).
Papa, je tiens à te dire que... (déclaration émotionnelle importante).
Papa, je tiens à te dire que... (déclaration émotionnelle importante).

(Il est probable que vous énumériez plus de trois messages non livrés dans cette section. Il convient de les regrouper selon la catégorie.)

Conclusion de votre lettre

Le rétablissement du deuil repose sur l'accomplissement. Afin d'accomplir ce que vous avez découvert, vous devez terminer votre lettre de façon efficace.

Lorsque vous parlez avec un ami au téléphone, vous devez toujours conclure la conversation à l'aide d'un mot. Il en est de même pour la lettre d'accomplissement, où vous devez dire *adieu* pour marquer la fin de la communication.

Pour la majorité des personnes endeuillées, la conclusion de lettre la plus efficace et juste est tout simplement : « Je t'aime, tu me manques. Adieu, Papa. »

Toutefois, il se peut que certains d'entre vous éprouvent de la difficulté à dire « je t'aime » et « tu me manques ». Si ces déclarations ne représentent pas votre vérité, ne les dites pas. Vous pourrez plutôt dire : « Je dois partir maintenant, et je dois renoncer à la douleur. Adieu, Papa. »

Vous pouvez rédiger d'autres conclusions en fonction de votre relation unique. Les derniers mots doivent toutefois demeurer constants : « Adieu, Papa. » Souvent, omettre de dire adieu annule tout le bon travail que vous avez fait. *Votre adieu achève la communication.* Évitez de substituer ce mot. Si vous ne dites pas adieu, vous risquez de garder la communication ouverte et, par conséquent, de demeurer inachevé.

Exemples de lettre d'accomplissement

Pour vous donner une meilleure idée de la façon dont vous devez écrire votre lettre d'accomplissement, nous vous fournirons des exemples tirés des relations que nous avons représentées graphiquement. Les exemples sont abrégés pour vous illustrer comment écrire votre lettre; les lettres originales sont plus longues.

Voici des extraits de la lettre de John, destinée à son frère cadet qui est décédé en 1969.

Cher Dennis,

J'ai passé en revue notre relation et j'ai découvert des choses que je voulais te dire.

Dennis, je m'excuse d'avoir été dur avec toi quand tu as brisé mon arc et mes flèches.

Dennis, je m'excuse d'avoir agi comme un instructeur militaire l'année où tu es resté avec moi en Californie. Dennis, je m'excuse de m'être disputé avec toi lorsque tu voulais te marier.

Dennis, je te pardonne d'avoir détruit ma voiture.

Dennis, je te pardonne pour tout ce que tu as fait quand tu vivais avec moi en Californie, comme refuser de nettoyer ta chambre ou de faire le plein dans la voiture, ou faire grimper la facture de téléphone.

Dennis, je veux que tu saches comment j'ai aimé la fête de départ que toi et Bruce avez organisée pour moi. Je veux que tu saches ce que t'entendre me dire que tu m'aimais a représenté pour moi. Merci.

Dennis, je veux que tu saches à quel point j'étais fier de toi.

Dennis, je veux que tu saches tout ce que j'aurais aimé te dire si j'avais su que je ne te parlerais plus jamais. Je veux que tu saches à quel point je t'aimais. Je veux que tu saches à quel point j'étais fier (et jaloux) de ta capacité de prendre une guitare et de jouer toutes les chansons que tu avais entendues. Je veux que tu saches à quel point j'étais fier de tes talents d'athlète, surtout en saut à la perche.

Dennis, je veux que tu saches à quel point j'ai été triste toutes les fois où j'ai réalisé que tu n'étais pas ici pour partager ta vie avec moi. J'aurais aimé savoir quelle sorte de carrière et de vie familiale tu aurais eu. Je suis triste que tu n'aies pas eu la chance d'être un oncle pour mes enfants.

Dennis, je t'aime, tu me manques. Adieu Dennis.

Voici des extraits de la lettre d'accomplissement de Russell, destinée à Vivienne.

Chère Viv,

J'ai passé en revue notre relation et j'ai découvert des choses que je voulais te dire. Viv, je m'excuse d'avoir été impérieux. Viv, je m'excuse de ne pas t'avoir écoutée, et de ne pas avoir entendu ce que tu essayais de me dire.

Viv, je m'excuse de ne jamais t'avoir dit à quel point j'appréciais tes talents, et tous les aspects positifs que tu as contribués à notre entreprise. Merci. Viv, je te pardonne de ne pas m'avoir dit ce qui se passait avec toi.

Viv, je te pardonne de ne pas avoir compris que je n'étais pas prêt à avoir des enfants, et de ne pas avoir attendu pour moi.

Viv, je te pardonne pour la façon dont tu as terminé notre relation.

Viv, je veux que tu saches comment j'étais fier d'être vu en public avec toi.

Viv, je veux que tu saches que je suis convaincu que tu es une merveilleuse mère. Et, de temps à autre, je suis triste que nous n'ayons pas eu la chance d'être parents ensemble.

Viv, je dois partir maintenant.

Adieu Viv.

NOTE IMPORTANTE

La communication d'une lettre d'accomplissement est un événement privé et confidentiel. Comme nous l'avons dit, le pardon et les déclarations émotionnelles négatives ne sont jamais exprimés directement à une personne vivante. La lettre de Russell destinée à Vivienne vous est présentée uniquement pour vous montrer ce que vous devez faire. Une lettre d'accomplissement ne doit jamais être envoyée ou lue à une

autre personne que votre partenaire de rétablissement de deuil.

DERNIÈRE RENCONTRE ENTRE PARTENAIRES : LECTURE DE VOTRE LETTRE

D'abord, réaffirmez votre engagement envers la franchise totale, la confidentialité absolue et le caractère unique et individuel de votre processus de rétablissement. Comme toujours, rencontrez-vous dans un endroit privé où vous vous sentez à l'aise de pleurer. Gardez des mouchoirs à portée de la main.

Dans presque tous les cas, les messages émotionnels non livrés doivent être verbalisés et entendus par une autre personne vivante pour être considérés comme étant accomplis. Nous avons connu des personnes qui ont pris toutes les mesures que nous vous avons demandé de prendre, à l'exception de la lecture de la lettre à une personne vivante. Nous les connaissons, puisqu'elles ont assisté à nos séminaires en disant toujours se sentir inachevées. La plupart d'entre elles ont lu leur lettre à une pierre tombale, sans la présence d'une personne vivante pour entendre sa lecture.

Nos cerveaux sont uniques et, en quelque sorte, tenaces. Peu importe nos croyances spirituelles ou religieuses, notre inconscient demande qu'un observateur vivant atteste l'accomplissement de notre message. Nous n'essayons pas d'être intellectuels ou mystiques; c'est que nous avons appris ce qui fonctionne et ce qui ne fonctionne pas grâce à notre expérience pratique avec des personnes endeuillées en rétablissement.

Directives pour le partenaire qui écoute 1. Votre première directive est d'adopter l'image d'un *cœur avec des oreilles*. Il est de votre devoir d'écouter, et seulement d'écouter. Vous pouvez rire s'il est approprié, mais *vous ne devez pas parler du tout.* Vous ne devez en aucun cas poser des gestes qui laisseraient entendre le jugement, la critique, ou l'analyse.
2. Placez-vous à *quelques pieds* du lecteur. Nous ne voulons pas que vous soyez trop près du lecteur; cela peut être intimidant. Relaxez votre corps. Vous êtes un ami à l'écoute d'un message important.
3. Pendant la lecture de la lettre, évitez de toucher le lecteur. À ce stade, le toucher freine les sentiments. Nous voulons que cette lecture soit émotionnelle. Le lecteur aura ses propres mouchoirs à portée de main.
4. Il est fort probable que vous soyez touché par ce que votre partenaire lira; permettez-vous de l'être. Toutefois, vous devez vous souvenir que la lettre ne vous concerne pas. Ainsi, à un certain degré, vous devez porter attention à l'intensité de vos réactions. D'un autre côté, si les larmes remontent dans vos yeux, laissez-les couler. Si vous les essuyez, vous

ne ferez que transmettre le message que les larmes sont inacceptables.

5. Votre présence est importante pour le lecteur. Vous devez *demeurer dans le moment,* même si votre tête et votre cœur veulent être ailleurs. Écoutez avec votre cœur; votre partenaire en a besoin.

6. Dès que le lecteur dit adieu, offrez-lui immédiatement un câlin. Vous jugerez de la longueur de ce câlin. Ne vous pressez pas. La lettre représente l'aboutissement d'un travail très pénible.

7. Souvenez-vous que vous ne devez pas analyser, juger, ou critiquer. Il n'est pas nécessairement une bonne idée de parler de l'expérience. Une discussion au sujet de l'expérience mène souvent à l'analyse, au jugement ou à l'intellectualisation.

Directives pour le partenaire qui lit la lettre.

1. Choisissez un endroit qui est sécuritaire pour vous. Évitez les endroits publics.

2. Emportez une boîte de mouchoirs. Il y a de fortes chances que vous vivrez des émotions fortes en lisant votre lettre. Gardez les mouchoirs à portée de main. Nous ne voulons pas que votre partenaire vous les donne.

3. Avant de commencer à lire votre lettre, fermez vos yeux. Même si vous avez demandé l'aide d'un partenaire, votre objectif est de lire la lettre à la personne à qui elle est destinée. Dans la mesure du possible,

faites vous une image mentale de la personne en question.

4. Ouvrez vos yeux et commencez à lire votre lettre. Il se peut que vous ayez ou non une réaction émotionnelle à votre lettre. L'un ou l'autre est parfaitement normal. Si vous commencez à avoir la gorge nouée, essayez le parler en même temps de pleurer. Les émotions sont contenues dans les mots que vous avez écrits. Essayez de faire sortir les mots de votre bouche. Évitez d'avaler vos mots et vos sentiments.

5. Lorsque vous arrivez à la fin de votre lettre, avant de lire votre phrase d'adieu, fermez vos yeux, et faites-vous une image de cette personne à nouveau, puis lisez les dernières phrases de votre lettre. Celle-ci peut être accompagnée de plusieurs larmes. S'il en est le cas, assurez-vous de prononcer ces mots, *surtout l'adieu.*

6. Souvenez-vous que vous dites adieu à la douleur et à toute affaire inachevée. Vous *ne dites pas* adieu aux bons souvenirs. Vous *ne dites pas* adieu à vos croyances spirituelles. Dites adieu à l'inachèvement émotionnel.

    Dites adieu à la douleur, à l'isolement, et à la confusion. Dites adieu à la relation physique que vous aviez, mais qui est maintenant terminée ou qui a changé. Dites adieu, puis permettez-vous de pleurer et de laisser couler vos larmes. Il se peut que vous ne pleuriez pas, ceci est tout à fait normal aussi. Il est essentiel que vous disiez adieu, sinon vous demeurerez probablement inachevé.

7. Dès que vous finissez, demandez à votre partenaire de vous faire un câlin. Il se peut que vous vouliez que le câlin soit long. Ne vous pressez pas. Il se peut que vous sanglotiez pour un moment. Cela est tout à fait normal. Vous avez probablement gardé la douleur à l'intérieur de vous pour un bon moment. N'empressez pas les sentiments.

Pour ceux qui travaillent seuls

Si vous avez travaillé sans partenaire, nous vous encourageons à trouver une personne de confiance pour vous aider, une personne qui sera prête à écouter votre lettre. Cette personne peut être un ami, un membre de votre famille, un thérapeute, un membre du clergé ou une personne quelconque à qui vous pouvez expliquer certaines lignes directrices. Lorsque vous trouvez cette personne, montrez-lui les directives pour la personne qui écoute la lettre, énoncées dans le présent chapitre. Demandez à cette personne si elle est capable de respecter ces directives à la lettre, et si elle est prête à le faire. Demandez-lui également de s'engager à la confidentialité absolue.

Certaines personnes ne trouveront personne avec qui elles se sentent en sécurité. Nous ne voulons pas aggraver le problème en vous disant de faire quelque chose que vous ne pouvez pas ou ne voulez pas faire. Si vous devez lire la lettre sans la présence d'un humain vivant, allez-y. Lire la lettre seul avec un souvenir, une photo, ou à une pierre tombale peut tout de même avoir de la valeur. Vous pouvez également lire la lettre à un magnétophone. Ne détruisez pas la lettre. Il se peut que vous trouviez une personne avec qui vous vous sentez en sécurité à l'avenir.

SIGNIFICATION DE L'ACCOMPLISSEMENT

Après avoir effectué toutes les mesures énumérées dans le livre et après avoir lu votre lettre, vous êtes accompli à 100 %. L'accomplissement signifie que vous avez découvert et communiqué tous les aspects inachevés dans votre relation auxquels vous avez pensé jusqu'ici. Cela ne signifie pas que vous ne serez plus jamais triste ni que vous ne serez plus jamais heureux. L'accomplissement vous permet de ressentir une gamme complète d'émotions humaines à nouveau. Cela signifie que vous n'avez pas à vivre la même chose encore et encore.

Au cours de votre vie de tous les jours, vous serez confronté à des rappels de la personne qui est décédée ou de votre partenaire d'un mariage raté. Vos pensées et sentiments du moment seront accompagnés d'émotions. Certains de vos sentiments seront positifs, et d'autres seront négatifs, tristes et inconfortables. N'y résistez pas, laissez-les venir. *Si vous permettez des sentiments négatifs de survenir sans résistance, ils passeront.* Si vous tentez de les cacher ou de les enterrer, ils deviendront pénibles.

Nous vous suggérons de traiter tous les sentiments dès que vous les ressentez. Mais qu'est-ce que cela signifie? Comment s'y prend-on?

Imaginez que vous vous tenez devant la vitre d'un grand aquarium à un endroit comme *Sea World*. Vous y êtes avec un ami et vous regardez les poissons nager. Chaque fois qu'un poisson passe, vous avez une réaction. Tout d'abord, un poisson magnifique bleu passe. Ses nageoires ressemblent à de la soie qui se balance doucement de gauche à droite. Vous vous tournez vers votre ami et dites : « Wow, as-tu déjà vu quelque chose d'aussi merveilleux dans ta vie? » Avant de finir votre question, un énorme requin apparaît, avec ses dents pointues qui brillent dans l'eau. De façon instinctive, vous agrippez votre poitrine et reculez comme si le requin pourrait vraiment vous attraper. Vous dites à votre ami : « Mais que c'est terrifiant! Mon cœur bat comme un tambour. »

À ce moment, un banc de petits poissons de couleur argent, pas plus gros que votre petit doigt, déferle l'aquarium. Il doit y en avoir au moins mille. Vous êtes fasciné et vous dites : « Comment savent-ils tous qu'ils doivent nager dans la même direction? Comment font-ils pour ne pas se frapper les uns
contre les autres? »

Vous avez traité tous les sentiments dès que vous les avez ressentis. Dans le premier cas, vous étiez impressionné par la beauté du poisson bleu. Dans le deuxième, vous étiez effrayé par le requin et les images de destruction qu'il a évoquées dans votre esprit.

Et, enfin, vous étiez déconcerté et impressionné par le mouvement synchronisé du banc de poissons.

Dans tous les cas, vous avez vécu le sentiment, l'avez verbalisé, puis êtes passé au prochain sentiment. Dans cette analogie, le mouvement des poissons vous permet de passer d'un sentiment à l'autre. Parfois, dans la vraie vie, soit nous nous accrochons à un sentiment, soit nous continuons à revenir sur un sentiment que nous avions un certain temps. Lorsque vous vous rendez compte que vous vous tournez vers vos sentiments du passé, souvenezvous de continuer à regarder les poissons et à répondre au prochain sentiment qui survient.

ACCROCHÉS À DES IMAGES PÉNIBLES

L'une des expériences les plus pénibles que nous pouvons vivre est lorsqu'un proche meurt de façon violente. Vous avez peut-être vu l'accident même ou les suites de l'accident. Vous avez peut-être vu des photos de la scène. Ou vous avez peut-être seulement les images évoquées par votre imagination. Dans tous les cas, pour bien des personnes, l'imagerie semble constante, comme si elle ne partira jamais. Certains d'entre vous ont peut-être des images tout aussi troublantes des dernières heures, des derniers jours ou des dernières semaines

d'un proche qui a lutté contre une maladie terminale. Souvent, la nature dévastatrice de certaines maladies modifie l'apparence d'une personne, au point où il est presque impossible de la reconnaître, même si vous l'avez connue toute votre vie.

La plupart, en essayant d'aider un ami, diront d'éviter de penser à ces images. En fait, il est presque impossible de le faire. Selon nous, il vaut mieux reconnaître que ces images et ces photos sont en effet horribles et douloureuses.

Nous croyons également qu'il convient de rappeler à la personne endeuillée que des milliers d'autres images de cette personne sont également entreposées dans ses souvenirs.

La mort n'a pas toujours lieu lentement, et souvent, elle est difficile à regarder. Une femme nous a parlé en détail de la dernière nuit de son mari à l'hôpital. Nous avons répondu : « Quelle dernière image horrible pour vous. » Puis, nous lui avons demandé : « Vous souvenez-vous de la première fois que vous avez vu l'homme qui est devenu votre mari? » Lorsqu'elle nous a dit oui, nous lui avons demandé de nous raconter à quoi il ressemblait cette journée-là, puis elle s'est lancée dans son récit.

Nous avons tous des dizaines de milliers d'images de nos proches. Certaines de ces images sont merveilleuses et heureuses. D'autres sont négatives et tristes. Parfois, les dernières images sont pénibles, surtout lorsque la violence et la maladie ont modifié l'apparence de nos proches. Il n'est pas réaliste de dire à quelqu'un d'éviter de se souvenir de ce qu'il a vu ou imaginé. En reconnaissant la nature inconfortable des dernières images désagréables, nous nous permettons de nous souvenir de toutes les autres images. Chaque fois que ces dernières images reviennent à la surface, nous devons les reconnaître.

En reconnaissant les images pénibles et en se souvenant des autres images, on ne nie et ne minimise pas forcément celles qui sont pénibles.

Lorsqu'on permet aux personnes endeuillées de parler de leur expérience et qu'on les encourage à le faire, l'image pénible disparaît plus rapidement. Ainsi, elles peuvent davantage passer en revue la totalité de leur relation, et non seulement la fin.

QU'EN EST-IL DES NOUVELLES

DÉCOUVERTES? HISTOIRE DE COLE

Voici une de nos histoires préférées pour illustrer la façon dont on peut accomplir une relation avec de nouvelles découvertes.

Lorsque Cole, le fils de John, avait huit ans, il jouait au baseball avec ses amis dans la cour avant. John avait appris aux garçons à se positionner de façon latérale par rapport à la maison, de sorte à éviter de briser une fenêtre s'ils n'attrapaient pas la balle. Tout allait bien, puis, une bonne journée, le petit garçon avait oublié. Cole avait lancé une balle, et celle-ci avait terminé sa route dans la fenêtre panoramique du voisin, la fracassant.

À son arrivée à la maison, John avait demandé à Cole de lui dire la vérité à propos de la fenêtre. Cole lui avait expliqué, comme le ferait un garçon de huit ans, que la balle avait fracassé la fenêtre par hasard. Des klaxons de voitures, des aboiements de chiens, et le soleil brillant avaient tous contribué à l'histoire; et il y avait aussi le fait que Cole et ses amis avaient oublié de se positionner comme John leur avait appris.

Pendant que Cole racontait son histoire, John s'est rendu compte qu'il ne l'écoutait plus, puisqu'il avait commencé à planifier sa punition. Alarmé par ses propres pensées, John avait demandé à Cole de prendre une pause et d'aller jouer dehors un moment. John s'est ensuite levé les yeux au ciel puis a posé la question suivante : « Dieu, où ai-je eu l'idée que je veux que mon fils, que j'aime, associe vérité et punition? ». Tout à coup, John eut sa réponse.

L'image du père de John lui était venue à l'esprit, clair comme de l'eau de roche.

John s'était rendu compte qu'il venait tout juste de découvrir un autre aspect inachevé sur le plan émotionnel avec son père. Il a sorti un calepin et une plume, puis s'est mis à écrire :

> *Papa, j'étais en train d'écouter mon fils, que j'adore plus que tout. Il est l'un des petits-enfants que tu n'as jamais eu la chance de rencontrer.*
>
> *Comme il me racontait la vérité au sujet d'un événement avec une balle et une fenêtre, j'ai arrêté de l'écouter pour commencer à préparer sa punition. Mais le tout me semblait injuste. J'ai alors commencé à faire un examen introspectif. Je viens tout juste d'avoir une révélation : à son âge, j'avais arrêté de te dire la vérité. Chaque fois que je disais la vérité, tu me punissais, et tes punitions me blessaient.*
>
> *Papa, je ne veux pas que mon fils associe vérité et punition. Je dois rompre le cycle créé par ce que tu m'as fait. Je dois te pardonner de m'avoir eu fait mal chaque fois que je te disais la vérité. Je te pardonne afin que je puisse être libre de faire les choses autrement avec mon fils. Je te pardonne afin que je puisse être totalement libre de dire et de vivre la vérité, et d'encourager mon fils à faire de même.*

Je dois partir maintenant. Je t'aime.
Adieu, Papa.

Après avoir écrit la lettre à son père, John s'est senti libre de parler à Cole au sujet des conséquences à ses actions. Il a aidé Cole à s'excuser auprès de son voisin pour la fenêtre, et a mis en place un programme où Cole et ses amis pourraient gagner de l'argent pour payer les réparations à la fenêtre. Il n'a pas été puni. Mais John devait prendre une autre mesure pour être accompli avec l'événement. Le lendemain, John avait lu sa lettre destinée à son père à Russell, puis ils ont échangé un câlin. John avait accompli la communication en lisant les paroles à une personne vivante. Nous prenons les mêmes mesures d'accomplissement que nous vous apprenons. Chaque nouvelle découverte doit être accomplie et verbalisée afin de permettre au prochain aspect inachevé de remonter à la surface.

AIDE SUPPLÉMENTAIRE AVEC LES GRAPHIQUES DE RELATIONS ET LES LETTRES D'ACCOMPLISSEMENT

Maintenant que vous avez rédigé au moins un graphique de relations et une lettre d'accomplissement du rétablissement du deuil (*Grief Recovery Completion Letter* ©), vous pouvez appliquer ces mesures à d'autres pertes. Cette édition contient du nouveau contenu, portant comme titre *Informations supplémentaires sur les choix et les autres pertes. Voir Quatrième parti.* Vous y trouverez des conseils sur les pertes liées à :

la mort d'un parent lorsque vous étiez jeune; l'absence d'un parent en raison d'un divorce, de
l'adoption; la perte d'un bébé, l'infertilité;
la maladie chez un proche, comme l'Alzheimer ou la démence;
le fait d'avoir grandi au sein d'une famille alcoolique ou dysfonctionnelle (traite les pertes intangibles de confiance, de sécurité et de jeunesse); et les pertes liées à la foi religieuse, à la santé, à une
carrière, au déménagement;

Prendre les mesures nécessaires pour toutes les pertes qui vous ont touché rehausse les avantages que vous pourrez tirer de ce guide.

13

Et maintenant?

Même si vous avez effectué les actions d'accomplissement, votre travail n'est pas terminé. En faisant votre graphique de l'historique des pertes, vous vous êtes peut-être rendu compte que vous avez d'autres relations inachevées sur lesquelles vous devez travailler. Nous vous suggérons de vous y mettre immédiatement. Notre but est de vous faire vivre la liberté émotionnelle qui découle de l'accomplissement de toutes les pertes que vous avez vécues.

Dressez une liste de toutes les relations que vous estimez toujours inachevées. La plupart des personnes ont peut-être trois ou quatre relations qui pourraient bénéficier de ce processus. Souvenez-vous que l'inachèvement peut nuire à vos relations avec des personnes vivantes. Si vous avez travaillé avec un partenaire, il convient de continuer à travailler avec cette même personne.

Le processus est bien plus rapide la deuxième fois. Vous n'avez pas à faire un autre graphique de l'historique des pertes. Vous pouvez commencer par le graphique de relations. Souvenez-vous de réaffirmer votre engagement envers l'honnêteté, la confidentialité et l'unicité.

Après avoir accompli vos autres relations inachevées, vous pouvez commencer à vivre votre vie. Les principes et les actions du rétablissement du deuil sont maintenant votre trousse pour toutes pertes, déceptions et expériences douloureuses. Mettez ceux-ci en pratique afin qu'ils deviennent une nouvelle habitude.

MÉNAGE

Après l'accomplissement, nous adoptons un nouveau point de vue. Les choses semblent différentes, puisque nous avons changé à l'intérieur.

Ces changements s'expliquent par l'accomplissement de nos relations. Étant donné que nous avons changé à l'intérieur, il est maintenant nécessaire de jeter un coup d'œil à l'extérieur. Il convient ainsi d'ajuster votre environnement de sorte à refléter cette nouvelle perspective sur la perte.

La première étape de votre ménage est de jeter un coup d'œil à tout ce qui vous rappelle cette perte. Plus tôt, nous avons parlé des personnes endeuillées qui gardent tout ce qui représente un proche décédé, que nous avons intitulé l'idéalisation. Nous gardons ces objets lorsque nous sommes inachevés sur le plan émotionnel avec la perte. Maintenant, vous n'avez plus besoin de les garder. Vous trouverez peut-être que certains des objets ne correspondent plus à votre nouvelle perspective; voilà le moment opportun de vous en débarrasser. Il est normal de vouloir garder des objets, et de ne pas être certain pour d'autres.

Peut-être que des amis qui voulaient vous aider vous ont dit de vous débarrasser de tout; les vêtements, les souvenirs, tout! Mais la plupart d'entre nous ne veulent pas se débarrasser de tout. Une femme que nous avons rencontrée nous a raconté qu'elle a fait erreur en se débarrassant des effets de son mari. Tout le monde lui disait qu'elle devait se débarrasser de tout. Elle voulait faire ce qu'elle devait faire. Une bonne journée, elle a bu quatre bouteilles de bière, en espérant y trouver le courage de tout jeter. À moitié ivre, elle a tout jeté. Elle a regretté ce geste le lendemain, mais il était trop tard pour récupérer les effets.

Avant de vous presser à tout jeter, faites un plan qui fonctionnera. *Lorsque possible, n'effectuez jamais ces actions seul.*

Se débarrasser des vêtements : le plan des piles

L'une des tâches les plus pénibles pour une personne en deuil est de décider ce qu'elle veut faire des vêtements. Une bonne approche se nomme le plan ABC. On peut également utiliser cette approche pour d'autres effets personnels. Cette approche porte également le nom du « plan des piles ». Vous comprendrez pourquoi dans quelques instants. Souvenez-vous que l'objectif est de garder ce que vous voulez, et d'éviter de garder des choses que vous ne voulez pas ou dont vous n'avez pas besoin. Prenez tous les vêtements, et placez-les dans le salon.
Est-ce que nous voulons que vous mettiez physiquement tous les vêtements dans le salon? Oui, c'est ce que nous voulons dire. Prenez un vêtement à la fois et faites trois piles de vêtements. Si vous voulez partager un souvenir qu'évoque l'un de ces vêtements, faites-le avec la personne qui vous aide, ou appelez une autre personne. Voici comment regrouper les piles :

La pile A contient les articles que vous êtes certains de vouloir garder.

La pile B contient les articles dont vous êtes certains de vouloir vous débarrasser, que ce soit de les vendre, les donner à un autre membre de la famille, ou les donner à une charité ou à l'église.

La pile C contient les articles dont vous êtes incertains. Si vous ne savez pas dans quelle pile vous devez mettre un article, mettez-le dans la pile C.

Il ne s'agit pas d'une course; nous utilisons un plan clair qui fonctionne. Lorsque vous regarderez tous les vêtements, vous comprendrez pourquoi on appelle ce processus le plan des piles. Débarrassez-vous des piles de la façon suivante :

Remettez la pile A dans la penderie.
Donnez la pile B à des personnes, des groupes, etc.
Placez la pile C dans des sacs et des boîtes et apportez-les dans le garage ou le grenier.

Par la suite, félicitez-vous et remerciez votre ami. Le mois suivant, sortez les sacs et les boîtes de la pile C dans le salon à nouveau, puis recommencez. Encore une fois, ne le faites jamais seul! La pile A contient tous les nouveaux articles que vous voulez garder. La pile B contient tous les articles dont vous êtes certains de vouloir vous débarrasser. Le reste retourne dans les sacs et les boîtes, puis dans le garage ou le grenier. En effectuant cet exercice une autre fois, vous accomplirez votre but de garder ce que vous voulez garder, et de vous débarrasser de ce dont vous n'avez pas besoin. S'il est nécessaire, recommencez dans trois mois. À un moment donné, vous aurez terminé.

Solution du nouveau compte

Un autre problème auquel sont confrontées certaines personnes est le compte de chèques comportant le nom d'un proche. Il est acceptable de ne pas vouloir changer le nom associé au compte. Pourtant, plusieurs personnes ont constaté que cette étape engendre un sentiment d'indépendance. Encore une fois, les gens s'attaquent souvent à ce problème de la mauvaise façon. Au lieu de retirer le nom de votre proche du compte de chèques, vous n'avez qu'à ouvrir un autre compte avec votre nom. Chaque mois, assurez-vous d'effectuer quelques transactions depuis le nouveau compte. Dans peu de temps, vous aurez une nouvelle habitude et les vieux chèques ne seront plus un rappel constant de votre perte. N'ouvrez jamais un nouveau compte seul; demandez plutôt à un ami de vous accompagner à la banque.

Dates d'anniversaire

Même après tout le travail que vous avez effectué, certaines occasions vous apporteront toujours de la tristesse, puisque vous avez établi beaucoup d'habitudes familières avec votre proche. La bonne nouvelle est que ces événements sont souvent prévisibles. Nous les appelons les dates d'anniversaire. Elles n'englobent pas uniquement les anniversaires conventionnels. Tous les jours ayant une signification importante pour vous peuvent être considérés comme étant une date d'anniversaire. Étant donné que nous connaissons presque toujours ces dates, il est facile de nous y préparer.

Le problème repose dans le fait de garder ces sentiments pour nous-mêmes. Nous sommes tentés de gérer ces journées seuls. Évitez de le faire seul. Il est normal pour les personnes en rétablissement de deuil d'être tristes pendant ces dates d'anniversaire.

Mort d'une célébrité

À la suite de la mort de Diana, princesse de Galles, nous avons reçu beaucoup d'appels. De nombreux appels provenaient de personnes endeuillées qui disaient avoir le cœur brisé. D'autres provenaient de médias nationaux et internationaux qui voulaient mener une entrevue avec nous afin que nous puissions les aider à comprendre l'énorme manifestation de deuil.

La question que l'on nous a posée le plus souvent est : « Pourquoi les gens sont-ils si attristés par la mort d'une personne qu'ils n'ont jamais connue? ». La réponse est : *ils la connaissaient, ils ne l'ont tout simplement jamais rencontrée.*

Si vous vous souvenez bien, dans nos commentaires au sujet de la mort d'un enfant, nous avons discuté de la relation émotionnelle que nous entretenons avec une personne que nous n'avons jamais rencontrée physiquement. Nous avons tous des relations émotionnelles avec des personnes que nous admirons. Ces personnes peuvent être des princesses, des joueurs de baseball, des acteurs, ou des ballerines. Nous avons tous le fantasme de les rencontrer et de passer du temps avec elles.

Habituellement, nous n'avons jamais la chance de les rencontrer, et la plupart d'entre nous n'écrivent même pas une lettre d'admirateur. Lorsque ces personnes décèdent, nous sommes pris avec des messages émotionnels non livrés.

Étant donné qu'il ne s'agit que d'une relation unilatérale, vous n'avez probablement pas besoin de faire un graphique de relations. Toutefois, il convient d'écrire une lettre d'accomplissement. Dites à la personne décédée à quel point vous l'admiriez. Dites-lui que vous êtes tristes de ne jamais avoir eu l'occasion de la rencontrer afin que vous puissiez lui dire en personne. Souvenez-vous de conclure la lettre par « Je t'aime (le cas échéant), tu vas me manquer. Adieu. » Si possible, lisez votre lettre à un ami.

QUATRIÈME PARTIE

Informations supplémentaires sur les choix et les autres pertes

Pour répondre aux nombreuses demandes reçues au fil des années, nous avons le plaisir de vous présenter du contenu supplémentaire qui viendra renforcer votre capacité de gérer les pertes qui vous ont touché. Cette nouvelle partie comprend deux sections.

La première section est intitulée ***Informations supplémentaires sur les choix,*** qui fournit davantage d'aide pour choisir les pertes à traiter en premier.

La deuxième section porte sur les ***Lignes directrices pour gérer des pertes précises,*** qui renferment des informations sur les types de pertes suivants :

La mort d'un parent lorsque vous étiez jeune

L'absence d'un parent en raison d'un divorce, d'une adoption

Le deuil périnatal, l'infertilité

L'Alzheimer ou démence chez des proches

Le fait de grandir au sein d'une famille alcoolique ou dysfonctionnelle (traite des pertes non matérielles de la confiance, de la sécurité, et de l'enfance)

Les pertes liées à la foi religieuse, à la santé, au déménagement.

14

Informations supplémentaires sur les choix
— la première perte à gérer

Choisir la première perte à gérer est plus important qu'il ne semble à première vue. Même si la perte qui vous a mené à ce guide a eu lieu récemment, et vous cause beaucoup de douleur, cela ne veut pas dire que vous devez gérer celle-ci en premier. La meilleure façon d'expliquer ce concept est de vous poser la question suivante : si vous vouliez bâtir une maison, commenceriez-vous par le toit? Si oui, comment supporteriez-vous le toit? À partir de la réponse évidente à ces questions, nous suggérons souvent aux personnes endeuillées de travailler sur leurs relations fondatrices, même si elles ne sont pas la source de leur douleur actuelle. Il est avantageux de commencer par ces relations, puisque certains éléments de celles-ci ont été apportés dans vos relations plus récentes, et ont une grande influence sur celles-ci.

COMMENCER PAR LES RELATIONS DONT
ON SE SOUVIENT

Il n'est pas rare que les personnes endeuillées découvrent ce guide en raison de la mort d'un parent lorsqu'elles étaient très jeunes, ou en raison d'une rupture familiale ayant mené à une perte de contact prolongée avec l'un des parents ou même avec les deux. D'autres personnes qui ont été adoptées à un jeune âge peuvent se sentir inachevées puisqu'elles ne connaissent pas leurs parents biologiques. Bien que la mort ou l'absence d'un parent, ou même les mystères qui entourent une adoption soient des événements déterminants dans une vie, il convient rarement de commencer son rétablissement du deuil par ces événements.

Plusieurs raisons expliquent pourquoi vous ne devez pas commencer par la perte d'un parent ou une autre perte de contact. La raison la plus évidente concerne l'âge que vous aviez lorsque le décès ou la rupture familiale a eu lieu. Si la perte a eu lieu entre votre naissance et l'âge de six ans, vous n'aurez pas suffisamment de souvenirs conscients à l'égard du parent manquant ni de la relation que vous entreteniez avec celui-ci. Il est difficile d'accéder avec précision tout ce que vous avez vécu au cours des premières années de votre vie, surtout avant vos premiers souvenirs conscients. Il est presque impossible de créer un graphique de relations réaliste portant sur des souvenirs qui sont enfouis sous vos premiers souvenirs conscients. Il est également dangereux de se fier aux opinions ou aux rapports d'autres personnes en ce qui a trait aux événements qui ont eu lieu avant votre premier souvenir conscient.

Nous vous suggérons de travailler tout d'abord aux relations que vous entretenez avec les personnes faisant l'objet du plus grand nombre de souvenirs conscients. Habituellement, il s'agit du parent ou des parents qui vous ont élevé. Nous ne tentons pas de minimiser la probabilité que la mort ou l'absence d'un parent soit la perte qui vous a le plus touché. Nous avons vu de nombreuses personnes s'arrêter au moment d'essayer de créer un graphique au sujet d'une relation avec une personne dont elles se souviennent à peine avant d'avoir appris les techniques du rétablissement du deuil. Ainsi, celles-ci ne font alors qu'une récitation des sentiments négatifs qu'elles éprouvent à l'égard de l'absence de cette personne.

Créer un graphique de relations et écrire des lettres d'accomplissement au sujet des relations avec des personnes que vous connaissiez réellement peut vous aider de plusieurs façons, comme vous aider à découvrir et accomplir ce qui était inachevé émotionnellement au sein de ces relations. Ceci vaut même si la relation que vous entreteniez avec cette personne était positive, négative, ou mélangée, ou même si celle-ci est toujours vivante ou non. Cela vous sera grandement avantageux plus tard, lorsque vous aurez à travailler sur votre relation avec le parent qui était absent de votre vie.

Lorsque vous travaillerez sur cette relation, il importe de vous souvenir que dans la plupart des situations où un parent est décédé, l'autre parent vivait également un deuil. Il en vaut également pour les deux partenaires d'un divorce. Il n'est pas déraisonnable de suggérer que votre parent endeuillé possédait une connaissance limitée sur la façon de gérer son propre deuil, ainsi qu'une capacité limitée pour vous aider à gérer vos propres émotions à l'égard de la perte en question. Les enfants apprennent en observant leurs parents. À bien y penser, vous vous rendrez peut-être compte que vous ne faisiez que copier un parent ou les deux. Certaines de leurs actions vous ont peut-être aidé à communiquer votre deuil, mais il est probable que ce qu'ils ont fait ou n'ont pas fait ou les choses qu'ils ont dites ou n'ont pas dites ont limité votre capacité à gérer la perte. Il convient de reconnaître ce qu'ils vous ont appris, afin que vous puissiez rejeter les informations inutiles et prendre les mesures nécessaires pour accomplir votre deuil.

AUTRES ENJEUX RELATIFS AU CHOIX DE *LA PREMIÈRE PERTE À GÉRER : CHOIX CACHÉS OU MASQUÉS*

Dans notre quatrième directive, nous avons indiqué qu'il se peut que la personne ou la relation sur laquelle il conviendrait de travailler en premier ne figure pas dans votre graphique de l'historique des pertes. Il n'est pas rare qu'un parent alcoolique ou problématique figure dans le graphique puisqu'il a bouleversé votre vie. Souvent, votre perte cachée repose dans votre relation avec votre autre parent, qui ne figurera peut-être pas dans votre graphique, surtout si celui-ci est toujours vivant. Il n'est peutêtre pas toujours évident, mais cet autre parent représente souvent une relation largement inachevée. Cela se produit en partie parce que l'autre parent est bien plus présent dans votre vie, et parce que ses propres réactions à l'égard de son conjoint ont peutêtre créé des problèmes dans votre vie. Il se peut que les étincelles associées avec ce parent problématique attirent davantage votre attention, mais souvent, il convient de créer un graphique de relations au sujet de l'autre parent en premier.

Mort d'un conjoint ou divorce — commencer par le début

Certaines personnes ont découvert ce guide en raison de la mort récente d'un conjoint. Toutefois, si vous avez déjà effectué les travaux préparatoires décrits dans ce guide, vous vous êtes peut-être rendu compte que vous aviez également des relations inachevées avec vos parents ou d'autres personnes qui ont influencé votre vie. Il vous serait avantageux de revenir en arrière pour travailler sur votre relation avec votre conjointe ou conjoint. Souvenez-vous que tout ce que vous avez apporté dans votre mariage est le produit de ce que vos parents vous ont appris, ou en réaction à vos parents.

Il en vaut également si vous étiez attiré par ce guide en raison d'un divorce récent ou d'une rupture récente. Il est d'autant plus important pour vous de revenir en arrière pour gérer certaines de vos relations fondatrices, qui vous permettront de mieux comprendre le rôle que vous avez joué dans la relation amoureuse qui a pris fin. Ainsi, vous serez plus honnêtes avec vous-même en ce qui a trait au rôle que vous avez joué dans la relation, plutôt que de vous concentrer uniquement sur les actions posées par votre ex-conjointe ou ex-conjoint qui ont eu une incidence sur le mariage. Par conséquent, cela vous aidera à voir le bagage émotionnel que vous avez apporté dans la communauté du mariage.

Vous seuls pouvez choisir la perte sur laquelle vous désirez travailler en premier, mais vous devez tout d'abord être ouverts à la possibilité de revenir en arrière pour travailler sur vos premières relations. Souvenez-vous que, en fin de compte, vous voudrez prendre les mesures du rétablissement du deuil pour accomplir toutes les relations importantes qui vous ont touché dans votre vie.

15

Lignes directrices pour la gestion de pertes précises

MORT OU ABSENCE D'UN PARENT DÈS UN *JEUNE ÂGE*

Si vous avez vécu la mort ou l'absence d'un parent lorsque vous étiez jeune, nous espérons que vous avez suivi nos conseils et créé des graphiques de relations et des lettres d'accomplissement au sujet des relations entretenues avec les personnes qui vous ont élevé. S'il en est le cas, vous êtes maintenant prêt à vous attaquer à votre relation avec le parent décédé ou absent.

Les lignes directrices pour la création d'un graphique de relations, la conversion de celui-ci en catégories, et l'écriture d'une lettre d'accomplissement s'appliquent toujours dans ce contexte. Les directives pour la création d'un graphique de relations se trouvent à la page 176. Nous vous invitons à les relire avant de commencer. Si vous avez été adopté, vous pouvez utiliser les mêmes lignes directrices pour la gestion de votre relation avec les parents biologiques que vous n'avez jamais connus.

Plus tôt dans ce guide, nous avons mentionné que, souvent, les personnes endeuillées ont tendance à créer des images plus grandes que nature dans lesquelles elles idéalisent ou diabolisent une personne décédée. Les jeunes enfants qui ont vécu le décès ou l'absence d'un parent ont tendance à créer des fantasmes au sujet de ce parent, dont la plupart sont positifs. Étant donné qu'ils ont une forte propension à idéaliser (ou parfois diaboliser) un parent absent, nous voulons répéter une phrase importante : « Pour maintenir la véracité et la justesse et éviter l'idéalisation ou la diabolisation, nous vous recommandons d'avoir au moins deux événements au-dessus de la ligne, et au moins deux événements en dessous de la ligne ». Ainsi, vous serez en mesure de créer une image plus exacte de votre relation avec ce parent.

De nombreuses personnes ne cessent de raconter l'histoire pénible qui entoure la perte vécue. Elles ne se rendent pas compte que le fait de raconter ces tristes histoires est l'une des raisons pour lesquelles elles ne peuvent s'en remettre. Il existe deux clés qui mènent à la réussite de l'accomplissement émotionnel avec le parent qui est mort ou absent. La première clé est de se concentrer sur les événements et non-événements précis dont vous vous souvenez, et sur les émotions provoquées par ceux-ci. Ainsi, vous ne ferez pas que raconter une histoire qui n'a pour effet que de vous emprisonner. L'autre clé est d'éviter toute analyse intellectuelle de ce qui vous est arrivé en raison de cette mort ou de cette absence.

Commencer le graphique

Votre graphique de relations au sujet du parent manquant commence par le premier souvenir que vous avez au sujet de celui-ci, le cas échéant. Il se peut que vous n'ayez aucun souvenir au sujet de ce parent. Aussi triste que cela puisse être, vous devez être honnête. Vous avez peut-être entendu des histoires au sujet de ce parent, ou vu des photos, mais si vous n'avez pas de souvenirs concrets, commencez votre graphique de relations par votre premier souvenir conscient.

L'un des obstacles que l'on rencontre au moment de créer un graphique au sujet d'une personne manquante repose sur des événements qui ne se sont pas produits. Afin de remédier au fait que les événements qui auraient dû se produire n'ont pas eu lieu, il convient de se souvenir d'un premier récital ou d'une première partie de soccer où votre parent manquant n'y était pas. Vous étiez peut-être très conscient de cette absence. Vous vous êtes peut-être senti différent des autres enfants, puisqu'eux avaient leurs deux parents. Vous ne vous êtes peut-être pas senti à l'aise d'en parler avec le parent qui vous a élevé, et vous avez peut-être pensé que si vous lui en parliez, vous serez trop triste. Ces événements ont peut-être eu lieu à des moments importants dans votre jeune vie, et vous éprouvez de nombreux sentiments à l'égard du parent manquant, mais ces sentiments sont peut-être piégés à l'intérieur de vous. Il importe de se souvenir que ces sentiments ne se sont pas limités aux événements vécus pendant votre enfance. Plusieurs souvenirs tristes concernent des remises de diplôme ou des mariages marqués par l'absence du parent qui, naturellement, aurait été présent lors de ces événements importants. Il est également possible qu'après un certain temps, vous appreniez à écarter ces sentiments, et il semble presque comme si l'absence de votre autre parent ne vous dérange pas. Ce qui est probablement vrai est que peu importe vos capacités à écarter ces sentiments, cette absence vous a tout de même marqué. L'un des buts premiers de la prise des mesures vers le rétablissement du deuil est d'accomplir ce qui était à ce moment inachevé, de sorte à éliminer le besoin d'écarter ces sentiments.

Créez votre graphique de relations au sujet du parent manquant en songeant à des événements précis et à vos réactions émotionnelles face à ceux-ci. L'éventail d'événements qui se sont produits ou qui ne se sont pas produits et qui vous ont touchés lors de votre relation avec le parent manquant est presque illimité. En voici des exemples :

- les anniversaires de naissance ou d'autres fêtes;
- la perte de sa première dent;
- la première journée d'école;
- les récitals de musique, les événements sportifs;
- le premier petit ami ou la première petite amie; et
- les arguments avec le parent ayant la garde.

Bien entendu, à mesure que vous avez vieilli, ces événements ont pris différentes formes, mais les sentiments éprouvés à l'égard de l'absence du parent manquant peuvent toujours être très forts.

Du graphique de relations, aux catégories de rétablissement, à la lettre d'accomplissement

Après que vous aurez terminé votre graphique, depuis votre premier souvenir jusqu'à aujourd'hui, vous devez convertir les entrées du graphique en catégories de rétablissement (excuses, pardon et déclarations émotionnelles importantes). Nous vous invitons à relire les directives en matière de conversion des entrées du graphique de relations en catégories de rétablissement, aux pages 193 et 194.

Outre ces directives, il importe de comprendre que chaque déclaration émotionnelle importante négative doit être accompagnée d'une déclaration de pardon. Sinon, vous ne faites que réciter la douleur que vous éprouvez, sans toutefois l'accomplir. Plusieurs personnes font des déclarations pénibles, mais omettent d'y inclure le pardon et demeurent inachevées sur le plan émotionnel. En voici un exemple : «
Maman, étant donné que tu n'as pas pris
soin de ta santé, tu t'es éloignée de moi. À bien des égards, tu as pourri ma vie. »
Afin d'être accompli sur le plan émotionnel, il convient d'ajouter « et je te pardonne pour ces fautes afin que je puisse être libre ».

Après que vous aurez converti les entrées de votre graphique en catégories de rétablissement, vous devez écrire votre lettre d'accomplissement. Suivez les directives à la page 198. Gardez le même format décrit. Celui-ci convient parfaitement à cette relation, comme aux autres. Lorsque vous aurez terminé votre travail, prévoyez une rencontre avec un partenaire à qui vous pouvez lire votre graphique et votre lettre (préférablement la même personne avec qui vous avez travaillé auparavant). Suivez les directives en ce qui concerne les partenaires qui parlent et les partenaires qui écoutent.

DEUIL PÉRINATAL ET INFERTILITÉ

Si vous avez vécu le décès d'un enfant ou si vous ne pouvez pas avoir d'enfants, nous vous invitons à relire la section intitulée « PREMIER SOUVENIR CONSCIENT – LA MORT D'UN BÉBÉ », a la page 177. Celle-ci vous aidera à comprendre où vous devez commencer votre graphique au sujet d'une relation avec un enfant que vous avez conçu, mais qui n'est jamais né, qui est mort-né, ou qui est né, mais n'a seulement vécu qu'une courte durée. Il peut sembler que ces lignes s'adressent davantage aux mères, mais le processus fonctionne également pour les pères qui éprouvent leurs propres sentiments à l'égard des événements qui auraient pu être vécus autrement ou mieux, et leurs propres espoirs, rêves et attentes relatifs à la relation qu'ils auraient entretenue avec cet enfant.

Les lignes directrices générales décrites dans la section précédente au sujet de la mort ou de l'absence d'un parent s'appliquent également dans ce contexte, puisque vous créez un graphique au sujet d'une personne que vous n'avez jamais connue, même si vous avez établi une relation émotionnelle avec celle-ci. Cette dernière partie s'applique également à l'infertilité, même s'il n'y a jamais eu de grossesse.

Nous établissons des relations avec l'enfant que nous voulons, et qui fait l'objet de nos espoirs et rêves. Il importe de « vivre son deuil et d'accomplir » votre relation au rêve d'avoir votre propre enfant. Ceci vous permettra de faire d'autres choix, ou peut-être de songer à l'adoption. Vous pouvez aussi choisir de ne pas adopter, mais le but est de devenir le plus accompli possible à l'égard de vos rêves, de sorte à pouvoir faire de nouveaux choix.

Certaines personnes qui ont conçu un enfant qui n'a jamais pu naître ou qui n'a pas vécu n'ont jamais donné de nom à cet enfant. Le graphique de relations et la lettre d'accomplissement constituent une occasion de donner un nom au bébé avec qui vous n'avez pas pu développer une relation. Il en est de même dans le cas de l'infertilité. Rien ne vous empêche de donner un nom au bébé que vous rêviez d'avoir. Même si vous n'avez pas réussi à concevoir ce bébé, vous entreteniez assurément une relation avec le bébé que vous souhaitiez avoir. Donner un nom à ce bébé peut vous aider à créer votre graphique et écrire votre lettre.

ALZHEIMER — DÉMENCE

L'un des événements les plus pénibles à vivre est l'éloignement graduel d'une personne qui nous est importante, surtout quand elle a l'apparence et la voix de la personne que nous avons connue. Le scénario typique implique une mère qui descend dans le monde étrange qu'est l'Alzheimer ou la démence, laissant sa fille adulte dans l'incertitude. Au début, la mère peut parfois oublier le nom de sa fille et d'autres détails à son sujet. Plus la mère s'éloigne, plus la fille essaie de retrouver la mère qu'elle a toujours connue. Mais il est impossible. La situation ne fait alors que s'aggraver. Au bout d'un certain moment, cette situation aboutit à la phrase suivante : « Tu sembles être une gentille jeune femme, comment t'appelles-tu? »

Plus la condition s'aggrave, plus la fille devient frustrée et, par conséquent, elle cesse de visiter sa mère au foyer de soins, parce qu'il devient trop difficile pour elle de voir sa mère dans un tel état. Un an après sa dernière visite, la fille reçoit un appel du foyer de soins pour lui dire que sa mère est décédée. La tristesse de la fille face au décès de sa mère vient s'ajouter à son regret d'avoir laissé sa mère mourir seule au foyer de soins. Cette tragédie, au moins la partie où la fille laisse sa mère au foyer de soins, perdue et seule, aurait pu être évitée.

Bien sûr, le meilleur moment de prendre les mesures vers le rétablissement est dès que vous apprenez qu'une personne qui vous est importante est atteinte d'Alzheimer ou de démence. Vous pouvez créer votre graphique de relations et écrire votre lettre d'accomplissement à tout moment, à l'aide des directives décrites au Chapitre 12. Tandis que le processus de création du graphique demeure le même, il importe de séparer votre graphique en deux parties distinctes. La première partie est destinée à votre relation avec cette personne d'aussi loin que vous vous souvenez, jusqu'à l'apparition de la condition qui l'empêche d'être elle-même. Écrivez une lettre d'accomplissement au sujet de cette relation. Après avoir dit vos « adieux », souvenez-vous que vous dites adieu à la relation que vous entreteniez avec elle jusqu'à ce moment, afin que vous puissiez commencer une autre lettre en fonction des changements qui se produisent chez elle.

Dans la deuxième section, vous créerez un graphique au sujet de votre relation avec cette nouvelle personne. Il se peut que vos entrées comprennent des événements frustrants et des émotions qui s'y rattachent. Vous devrez peut-être présenter des excuses si vous avez été moins que tolérant et compatissant avec les changements qui se produisaient chez l'autre personne. Il se peut aussi que vous deviez pardonner la façon dont cette personne vous a parlé ou a agi envers vous. Vous aurez probablement à faire certaines déclarations émotionnelles douloureuses démontrant à quel point il est difficile pour vous de voir cette personne s'éloigner graduellement.

Si vous avez déjà fait un graphique de relations et une lettre d'accomplissement à propos de cette personne, commencez un nouveau graphique qui débute au moment où vous avez appris de l'état de la personne en question. La liberté que vous procureront les actions pour accomplir l'ancienne relation entretenue avec cette personne vous permettra de continuer à passer du temps avec cette personne que vous aimez, même si elle est différente de la personne que vous avez connue.

GRANDIR AU SEIN D'UNE FAMILLE ALCOOLIQUE OU DYSFONCTIONNELLE

Grandir au sein d'une famille alcoolique ou dysfonctionnelle, ou avec un ou deux parents atteints d'une maladie mentale, constitue une perte majeure. Nous vous demandons d'éviter de travailler uniquement sur la personne alcoolique ou atteinte d'une maladie mentale. Nous vous encourageons plutôt à examiner chaque personne qui fait partie de votre vie de famille et à préparer un graphique de relations et une lettre d'accomplissement pour chacune d'entre elles, en suivant les directives pour la création du graphique et la rédaction de la lettre aux pages 176 à 205.

Pertes intangibles

Nous sommes conscients qu'il se passe des choses terribles dans les foyers où il y a violence et que celles-ci peuvent provoquer plusieurs pertes intangibles. Voici quelques exemples : *la perte de la normalité* — être contraint d'endurer des choses insensées, surtout aux yeux d'un enfant, et de les affronter; *la perte de la confiance* — il est impossible pour un enfant de maintenir un sentiment de confiance dans un environnement chaotique; *la perte de la sécurité* — l'irrationalité associée à l'alcoolisme ou la maladie mentale élimine tout sentiment de sécurité. Une des pertes les plus importantes que l'on peut subir lorsque l'on a été assujetti à l'alcoolisme ou à la maladie mentale est *la perte de l'enfance* en général. Il est possible de percevoir chacune de ces pertes.

Il est également fort probable que ces pertes vous touchent encore aujourd'hui, surtout dans le cas des relations intimes qui se fondent sur la confiance et la sécurité. Malheureusement, la prise de conscience de l'existence de ces pertes intangibles ne suffit pas à les accomplir. Vous devrez travailler davantage afin de rétablir les sentiments de confiance et de sécurité que vous ressentiez lors de votre jeunesse et qui ont disparu à un certain moment (à noter : n'importe quelle ou même toutes ces pertes intangibles peuvent également survenir au sein d'un foyer perçu comme étant « normal »).

À mesure que vous classez les événements de vos graphiques de relations dans les catégories de rétablissement, gardez ces pertes intangibles à l'esprit. Vous devrez utiliser les catégories « déclaration émotionnelle importante » et « pardon » pour communiquer la plupart de ces pertes. Voici un exemple : « Papa, je ne pouvais jamais inviter mes amis à la maison en raison de ton alcoolisme. Je ne me sentais jamais en sécurité et j'avais toujours peur que tu m'humilies. Quand j'y repense, je ne me suis jamais senti comme si je vivais dans un foyer normal, car j'étais toujours sur mes gardes. J'ai l'impression de ne jamais avoir eu une enfance. Je te pardonne afin que je puisse être libre. » Ces phrases abordent toutes les pertes intangibles mentionnées.

Nous avons précisé que certaines personnes se concentrent uniquement sur le parent alcoolique et omettent l'influence de l'autre parent, qui a eu un effet différent sur leur vie. Dans un contexte dans lequel il n'était pas prudent d'inviter des amis à la maison parce que le père était toujours ivre, il se peut que les réactions de la mère fussent tout aussi problématiques, si non plus. Voici ce que l'on pourrait communiquer à la mère : « Maman, la façon dont tu réagissais à l'alcoolisme de Papa était si frénétique que j'avais l'impression qu'une bombe nucléaire aurait pu exploser à n'importe quel moment. Je ne pouvais jamais me détendre. Même en tant qu'adulte, j'ai de la difficulté à baisser ma garde, même lorsque je suis complètement en sécurité. Je te pardonne de m'avoir inculqué un sentiment d'appréhension et de pessimisme constant. Je te pardonne afin que je puisse être libre. »

TRAUMATISME — TSPT

Nous nous sommes abstenus d'utiliser des termes de diagnostic ou des étiquettes pour définir les pertes qui entraînent des émotions et le deuil dans le présent guide. Mais puisque les termes « traumatisme » et « TSPT » (trouble de stress post-traumatique) sont devenus si courants, et souvent mal compris, nous avons décidé de les aborder.

« Traumatisme » et « TSPT » sont des termes généraux en ce qui a trait aux effets des pertes; le deuil constitue notre réaction précise face à ces pertes

Dans le contexte du deuil et du deuil non résolu, « traumatisme » et « TSPT » sont des termes généraux. Nous définirons ces termes dans la présente section afin d'expliquer le meilleur contexte dans lequel les utiliser, vous permettant ainsi de découvrir les pertes précises auxquelles ils ont contribué ou les pertes qu'ils ont provoquées, puis de vous rétablir de ces pertes.

Le mot *traumatisme* ne date pas d'hier; il existe depuis très longtemps. Dans son sens essentiellement physique, le mot date des années 1690 d'après le dictionnaire étymologique en ligne *Online Etymology Dictionary* [*OED*], qui le définit comme étant « une blessure, une atteinte; une défaite ». Bien entendu, il est facile d'ajouter un aspect émotionnel ou psychologique à chacun de ces trois mots. Toutefois, le mot « traumatisme » est utilisé pour la première fois dans un contexte strictement émotionnel en 1894. Selon la définition de l'OED, le traumatisme est « une blessure psychologique, une expérience déplaisante qui provoque un stress anormal ». En règle générale, la plupart des gens attribuent cette définition au terme « traumatisme » actuellement. L'usage du mot *stress* dans cette définition a contribué à l'utilisation du terme « trouble de stress post-traumatique » beaucoup plus tard.

Voici la définition moderne du terme « traumatisme » établie par MerriamWebster :

a.] une blessure (une lésion) provoquée par un agent extrinsèque sur des tissus vivants; b.] un trouble psychique ou comportemental découlant d'un stress mental ou émotionnel important ou d'une blessure physique; c.] un trouble émotionnel.

Le terme « TSPT » est un peu plus difficile à définir et il s'agit d'un concept beaucoup plus récent dans la langue et dans l'usage. Le dictionnaire Merriam-Webster offre une définition simple du trouble de stress post-traumatique : *un état mental qui peut toucher une personne qui a vécu une expérience choquante ou difficile (p. ex. : combattre lors d'une guerre) et qui se caractérise habituellement par la dépression, l'anxiété, etc.* Voici aussi une définition plus large venant du même dictionnaire : *une réaction psychologique qui survient après avoir vécu une expérience fortement stressante (comme le combat lors d'une guerre, la violence physique ou un désastre naturel) qui se caractérise habituellement par la dépression, l'anxiété, les rappels d'images (« flashbacks »), les cauchemars récurrents, et l'évitement de l'expérience ou des rappels. Le trouble de stress post-traumatique, ou « TSPT », est* aussi connu sous le nom de *syndrome de stress posttraumatique.*

On a utilisé beaucoup de termes avant le développement du terme « TSPT », qui n'est entré dans l'usage qu'en 1980. La plupart des autres termes utilisés avaient un lien avec les effets de la guerre et avec la façon dont la condition touchait le personnel militaire assujetti à des situations de vie ou de mort de façon constante. Voici quelques termes qui ont été employés depuis 1678 pour décrire ce trouble : nostalgie; cœur irritable; cœur de soldat; choc de combat; obusite (ou choc de l'obus); stress lié à la guerre; névrose de guerre (ou névrose de combat); épuisement au combat; réaction aiguë au stress; syndrome post-Vietnam; puis, finalement, TSPT.

Il est évident que les termes ci-dessus sont liés à la guerre et au combat, des situations dans lesquelles la probabilité de mourir est élevée en tout temps. Mais comme vous le savez probablement, le terme « TSPT » est maintenant plus couramment utilisé pour définir presque toute expérience négative que nous vivons. Peu importe les définitions actuelles, vous pouvez vous référer aux principes et aux actions énumérés dans le présent guide pour vous aider à composer avec les effets de toute expérience qui vous trouble de façon persistante, peu importe leur origine.

Il est intéressant de noter que certaines divisions des forces armées actuelles utilisent l'acronyme SPT plutôt que TSPT, omettant ainsi le mot *trouble*.

Pour nos objectifs, nous ne changerons pas l'acronyme, mais nous utiliserons notre définition fondamentale : « le deuil est une réaction normale et naturelle face à n'importe quel type de perte ». Cela dit, vous pouvez examiner les actions de rétablissement décrites dans le présent guide et les appliquer à vos relations avec les personnes qui ont influencé votre vie à l'aide du vocabulaire de la perte détaillé dans la prochaine section : *Convertir les traumatismes et le TSPT en catégories de pertes précises.*

Qualifier vos pertes comme étant des traumatismes ou les lier au TSPT vous éloigne du rétablissement

Pour nos objectifs, nous allons classer les problèmes relatifs aux traumatismes et au TSPT en deux catégories générales. Nous les traiterons ensuite en termes plus précis.

Tout d'abord, abordons les mauvais traitements et les sévices continus qu'a vécu une personne, souvent à partir d'un jeune âge, et qui ont été récurrents depuis longtemps, comme des mois ou des années. Cela ne revient pas à dire que les mauvais traitements se produisent seulement lors de l'enfance, mais pour beaucoup de personnes, ils commencent pendant l'enfance, puisque les enfants n'ont pas la même capacité qu'un adulte de se défendre ou de s'éloigner d'une situation. Effectivement, ces expériences de vie sont traumatisantes et on peut même dire qu'elles mènent au TSPT, si l'on utilise la définition actuelle du terme.

Ensuite, parlons des effets des événements particuliers, par exemple le viol, qui comportent évidemment des répercussions émotionnelles et physiques à très long terme (souvent permanentes). Un autre exemple : être impliqué dans un horrible accident, un meurtre ou tout autre incident, ou être témoin de ceux-ci, où vous avez vu des choses si difficiles à regarder que le simple fait de penser à ces événements et les souvenirs qui y sont rattachés vous hantent toujours. Les images télévisuelles des attentats du 11 septembre qui sont constamment diffusées constituent un exemple de quelque chose que vous avez vu qui vous touche peut-être encore aujourd'hui. Il s'agit de situations traumatisantes et leurs effets pourraient entraîner le TSPT, si l'on utilise les définitions actuelles encore une fois.

Si vous pouvez accepter que les termes « traumatisme » et « TSPT » sont des noms généraux avec des définitions larges, vous pouvez alors reconnaître qu'il est nécessaire de les redéfinir correctement comme étant des pertes à l'aide de termes plus précis. Il est difficile de passer au travers des répercussions de ces pertes lorsque les termes généraux vous servent d'excuses qui vous éloignent du rétablissement. Nous ne voulons pas laisser entendre que vos expériences traumatisantes n'ont pas eu un effet profond sur votre vie ni qu'elles n'ont pas grandement limité votre capacité de vous sentir bien et d'être heureux. La tâche que nous souhaitons accomplir est de vous guider vers l'utilisation des termes corrects qui vous aideront à accomplir sur le plan émotionnel les événements qui vous ont touché et les sentiments de pertes qui en ont découlé.

Avant de vous montrer comment convertir les idées générales relatives aux événements traumatisants en idées précises relatives à l'effet que les pertes découlant de ces événements a eu sur vous, nous voulons mentionner certains désastres naturels et non naturels qui vous ont peut-être touché directement ou indirectement.

La couverture médiatique constante entourant les désastres naturels, comme les ouragans, les tornades et les tsunamis, comporte des images extrêmement graphiques qui se gravent pour toujours dans notre cerveau. Ceux et celles qui voient ces événements en personne et qui y survivent seront bien plus touchés que ceux et celles qui les voient à la télévision. Cela étant dit, même si nous n'avons pas vécu ces désastres nous-mêmes, le fait de les voir de façon répétitive dans les médias peut nous terrifier pendant longtemps.

La couverture médiatique des désastres non naturels, comme les attentats du 11 septembre ou la fusillade à l'école Columbine, comporte également des images horribles et traumatisantes. Dans le monde actuel, ces images que nous voyons sans cesse dans les médias peuvent modifier notre sentiment de confiance et de sécurité envers le monde dans lequel nous vivons.

Nous devons séparer les événements récurrents des événements singuliers, car les mesures proposées dans la méthode de rétablissement du deuil (*Grief Recovery Method*) traitent ces événements différemment. Dans la prochaine section, nous utilisons un exemple d'une personne qui a été maltraitée de façon répétée par un membre de sa famille pendant plusieurs années.

Note : même si certaines personnes vivent plusieurs événements singuliers qui peuvent avoir un effet important sur elles, ces événements ne comportent habituellement pas le même type de relation continue que pour une personne maltraitée de façon récurrente par une personne ou plus. Nous traitons donc ces événements à l'aide de différents éléments de la méthode de rétablissement du deuil. Nous les expliquerons de façon plus détaillée plus loin dans le chapitre dans une section intitulée « L'effet des événements singuliers isolés ».

Convertir les traumatismes et le TSPT en catégories de pertes précises

Les personnes endeuillées utilisent souvent les termes « traumatisme » ou « TSPT » pour décrire leurs réactions face à un grand éventail d'événements et d'expériences qui ont entraîné des problèmes émotionnels et psychologiques. Elles entendent souvent parler de ces termes par des professionnels ou dans des documentaires, mais elles les apprennent souvent aussi en lisant des revues ou des livres portant sur ces sujets. Ces personnes se servent souvent des termes qu'elles ont appris pour « s'autodiagnostiquer », s'appliquant ainsi ces termes incorrectement; par conséquent, elles limitent leur chance de se rétablir.

Lorsque les personnes endeuillées utilisent ces termes, nous paraphrasons habituellement ce qu'elles nous disent à l'aide de mots qui sont plus directement liés au deuil et à la perte, afin d'obtenir une idée plus claire et précise de ce qu'elles essaient de nous dire. Précédemment dans le présent chapitre, nous avons abordé les *pertes intangibles* qui peuvent provoquer des sentiments constants chez les personnes qui ont été élevées au sein d'une famille alcoolique ou dysfonctionnelle. Les pertes intangibles sont celles de *la confiance, la normalité* et *l'enfance*. Pour certaines expériences pénibles, nous pouvons ajouter *la perte de contrôle du corps* et *la perte de l'approbation* à la liste.

Voici un exemple de la façon dont nous venons en aide à quelqu'un qui essaie de nous faire comprendre les effets qu'il a ressentis de ce qu'il appelle le traumatisme ou le TSPT :

> Personne endeuillée : « J'ai vécu un traumatisme (ou le TSPT), car mon grand-père m'a agressée sexuellement lorsque j'avais six ans et a continué jusqu'à l'âge de quatorze ans. »
> Spécialiste du rétablissement du deuil : « Cette expérience a dû être horriblement traumatisante pour vous. J'imagine que vous avez ressenti une *perte de confiance*, une *perte de sécurité* et une *perte de contrôle* de votre propre corps. »
> PE : « OUI! C'est exactement ce que j'ai ressenti. J'ai ressenti autre chose aussi, mais on ne me l'avait jamais formulé de cette façon. » SRD : « Vous souvenez-vous d'autres effets que cette expérience a eus sur vous? » PE : « Oui, maintenant que nous en parlons, je me rends compte que lorsque j'avais l'âge de

commencer à avoir des relations amoureuses, je sentais déjà comme si j'étais endommagée et que je n'étais pas assez bonne. »

SRD : « Quelle horrible façon de commencer cette étape de votre vie, ressentir une *perte de valeur* envers vous-mêmes et ce que vous étiez. En avez-vous déjà parlé avec votre mère, votre père, ou quelqu'un d'autre? »

PE : « Oh non! Mon grand-père m'a toujours menacé de me faire du mal si j'en parlais *à qui que ce soit*. »

En examinant cet exemple, on constate que l'on passe des termes généraux relatifs au traumatisme, au TSPT, au viol et à la maltraitance, aux pertes très précises provoquées par les actions du grand-père. Le tout est contenu à l'intérieur de la relation avec le grand-père, qui était l'agresseur.

En lisant cette section, vous avez probablement constaté que nous avons mentionné plusieurs différents types de perte, soit celles de la confiance, la sécurité, le contrôle du corps, et la valeur. La perte du sentiment de valeur peut également être perçue comme une perte de l'approbation, surtout chez les enfants.

La méthode de rétablissement du deuil vise essentiellement à vous aider à travailler sur les relations dans lesquelles sont survenus les sévices et la maltraitance, ainsi que celles avec le parent, le tuteur ou les autres qui ne se sont pas rendu compte de ce qui est arrivé, ou qui ne vous ont pas écouté ou cru lorsque vous leur en avez parlé.

L'exemple ci-dessus peut vous mener à découvrir les relations précises sur lesquelles vous devez travailler ainsi que les pertes qu'elles représentent pour vous. L'utilisation des termes relatifs aux pertes au lieu des termes de diagnostic comme « traumatisme » ou « TSPT » vous guidera vers l'accomplissement d'une relation qui a été ou qui demeure inachevée en raison d'événements ou d'expériences traumatisantes qui ont eu un effet négatif sur vous.

Dans beaucoup de cas, l'exemple peut également vous porter à constater que vous devrez également travailler sur votre relation avec votre mère ou votre père, qui n'étaient pas conscients de la situation ou qui choisissaient de fermer les yeux sur celle-ci. Ceci peut s'avérer un peu compliqué, car sans savoir précisément s'ils étaient conscients ou s'ils soupçonnaient que quelque chose se passait, vous pensez ou ressentez peut-être qu'ils ont été incapables de vous protéger et vous devez les pardonner.

Passer de la découverte au rétablissement
Les mauvais traitements infligés par le grand-père ont provoqué la perte de la confiance, de la sécurité, et du contrôle du corps, et ont fait en sorte que la victime avait toujours l'impression d'être « endommagée » et de ne pas être « assez bonne ». Il convient donc de s'attaquer à ces pertes à l'aide d'un

graphique de relations, puis de convertir ces pertes en catégories de rétablissement, et enfin de rédiger une lettre d'accomplissement adressée au grand-père
(Les processus sont détaillés dans les chapitres 11 et 12).

Il va sans dire que les catégories de rétablissement principales que vous utiliserez pour aborder certains des événements qui se sont produits seront « déclarations émotionnelles importantes » et « pardon
». N'oubliez pas qu'il est inutile de dresser une grande liste des maintes fois où l'on vous a mal traité dans votre graphique ou votre lettre; il est préférable de mentionner trois ou quatre événements précis dans le but d'expliquer comment ils vous ont touchés, puis d'accorder le pardon.

Ensuite, vous pouvez accorder un pardon collectif pour toutes les fois où la personne vous a fait du mal.
Voici un exemple :

« Et je te pardonne pour toutes les fois que tu m'as fait du mal. Je te pardonne de m'avoir fait des menaces afin de m'empêcher d'en parler à qui que ce soit. *Je te pardonne afin que je puisse être libre*. »
Ce processus vous aidera à vous sentir plus accompli sur le plan émotionnel et à vous ouvrir la voie vers la plus grande liberté possible par rapport à votre passé.

Retour sur le besoin de passer du général au précis pour faciliter le rétablissement

Lorsqu'un professionnel de la santé mentale (ou quelqu'un d'autre) utilise les termes « traumatisme » ou « TSPT » pour décrire la réaction d'une personne aux mauvais traitements, il donne accidentellement à cette personne l'occasion de se cacher derrière des excuses. Par conséquent, cette personne ne prend souvent aucune mesure pour accomplir sa relation pénible avec les gens et les incidents qui ont suscité ses sentiments négatifs; elle ne fait que se dire qu'elle est atteinte du TSPT ou qu'elle a été victime d'un traumatisme.

Comme nous l'avons mentionné précédemment, « traumatisme » et « TSPT » sont des termes généraux qui ne font rien pour décrire ou expliquer les effets des événements traumatisants, et qui n'expliquent pas les sentiments de perte ou de deuil qui en découlent. L'exemple de la paraphrase que nous avons utilisé prouve à quel point les termes appropriés sont efficaces pour aider les personnes endeuillées à découvrir ce qui est vrai pour elles, puisqu'elles sont les seules personnes qui savent ce qu'elles ont ressenti à l'époque et ce qu'elles ressentent maintenant.

La clé est de passer du général au précis, avec l'objectif clair de découvrir et d'accomplir ce qui, pour vous, n'a pas été résolu sur le plan émotionnel en raison de ce que l'on vous a fait. Ce processus ne se limite pas à vous aider à accomplir votre relation avec la personne qui vous a fait du tort, mais aussi vos relations avec les parents, les tuteurs ou toute autre personne qui ne se sont pas rendu compte de ce qu'il se passait, qui ne sont pas intervenus, ou qui ne vous ont pas cru ou ne vous ont pas aidé lorsque vous leur avez parlé de ces mauvais traitements (ce qui arrive malheureusement trop souvent).

Nous tenons à préciser que les événements qui ont provoqué les sentiments de perte sont réels et tangibles. Nous utilisons simplement le mot « intangible » pour différencier ces événements des décès, des divorces ou des autres pertes précises.

L'effet des événements singuliers isolés

Les mesures faisant partie de la méthode de rétablissement du deuil (*Grief Recovery Method*) sont extrêmement utiles pour aider les personnes endeuillées à surmonter les effets continus des incidents qui surviennent dans une relation avec une ou plusieurs personnes qu'elles connaissent, qu'elle soit bonne, mauvaise ou un peu des deux.

Toutefois, l'utilité de cette méthode est limitée dans les cas d'événements singuliers isolés qui sont souvent incroyablement traumatisants, par exemple dans le cas d'un viol où la victime ne connaissait pas l'agresseur, et souvent ne l'avait jamais même vu. Comme vous pouvez l'imaginer, il est impossible de créer un graphique pour une relation avec quelqu'un que l'on ne connaît pas.

Dans de tels cas, un des éléments de la méthode qui peut être utile est le pardon, dont le concept et la pratique sont présentés dans le présent guide aux pages 188 à 191. Nous sommes conscients que beaucoup de personnes endeuillées peuvent se sentir répugnées par la pensée même de pardonner à leur agresseur si tôt après un viol. Nous savons aussi que c'est parce que les victimes ne comprennent pas la signification réelle du pardon ni son application comme méthode pour soulager leur rancune. L'objectif du pardon n'est pas de faire du bien à l'agresseur, mais plutôt de soulager la victime des actions de l'agresseur.

Ceci étant dit, nous ne laissons pas entendre que la victime d'un viol (ou de tout autre incident violent) ne devrait pas être extrêmement en colère. Nous ne disons pas non plus qu'il est nécessaire pour la victime d'être polie envers l'agresseur lorsqu'elle pardonne celui-ci indirectement et qu'elle énumère les effets de ses actions sur elle.

Voici un exemple de communication indirecte adressée au violeur : « Espèce de salaud! Je déteste qui tu es et ce que tu m'as fait! Tu m'as terrifié et tu m'as privé de mes sentiments de confiance et de sécurité. Tu as violé mon corps, sexuellement et physiquement. J'ai maintenant de la difficulté à faire confiance à qui que ce soit, même à moi-même. Je ne peux pas vivre le reste de ma vie avec cette rancune envers toi. Je te pardonne afin que je puisse être libre, mais ce pardon est pour moi, afin que je puisse rebâtir ma vie. J'espère plus que tout que la police te retrouve, que l'on te passe en justice, que l'on te déclare coupable et que tu passes le reste de ta vie en prison. Adieu! »

Il faut que vous lisiez cette courte lettre à haute voix à quelqu'un à qui vous faites confiance. Oui, vous devez le faire même s'il vous est difficile de faire confiance à quelqu'un actuellement. La personne qui vous écoute doit s'engager envers la confidentialité totale et éviter de divulguer le contenu, ou même l'existence, de votre lettre à qui que ce soit.

Beaucoup de personnes nous demandent ce qu'elles devraient faire avec leur lettre une fois qu'elles l'ont lue à quelqu'un. Vous avez quelques options : vous pouvez la jeter avec précaution, afin qu'elle ne se retrouve pas entre de mauvaises mains; vous pouvez la brûler afin de symboliser la fin de cette épreuve et un nouveau début; vous pouvez également conserver la lettre en prenant soin de la mettre dans un endroit sûr.

Est-il suffisant de ne pardonner qu'une fois?

Que vous ayez décidé de créer une lettre d'accomplissement et un graphique de relations exhaustifs visant quelqu'un qui a joué un rôle dans votre vie, ou d'écrire une courte lettre comme dans l'exemple ci-dessus, vous vous êtes peut-être posé la question suivante : « Est-ce qu'un pardon écrit (et lu) est suffisant? » Après tout, puisque le contenu d'une lettre d'accomplissement peut représenter l'accumulation des souffrances que vous avez endurées tout au long de votre vie en raison de ce que l'on vous a fait vivre, il peut vous sembler trop facile d'être magiquement libre après un simple pardon.

En effet, un seul pardon est rarement suffisant. Le pardon, que ce soit par rapport à ce que l'on pourrait appeler des événements traumatisants ou même aux expériences qui ont mené au « TSPT », peut se faire à tout moment. Vous pouvez pardonner autant de fois qu'il vous est nécessaire. En fait, vous devriez pardonner chaque fois que votre esprit évoque des souvenirs de ce que l'on a vous fait, sinon la rancune continuera de vous faire du mal. Le pardon est le chemin ultime vers la liberté et vous permet de recommencer à faire confiance aux autres ainsi qu'à vous-même.

Pour ce qui est du pardon continu, la plupart du temps, vous n'avez qu'à pardonner à votre agresseur dans votre tête afin de vous permettre de revenir à la réalité. Toutefois, il est parfois utile, surtout au début du processus, d'écrire une lettre de pardon, de communiquer avec la personne qui vous a écouté et de lui lire votre lettre. Vous pouvez communiquer par téléphone, mais assurez-vous que personne d'autre n'écoute à votre conversation. N'oubliez jamais que l'objectif du pardon est votre liberté.

Note : pour conclure cette section, nous vous demandons de ne pas interpréter nos mots pour dire que vous ne ressentez pas une immense douleur en raison des actions continues ou singulières de quelqu'un envers vous. Nous ne voulons pas non plus que vous croyiez que nous essayons de nier, d'invalider, ou de minimiser de quelque façon la réalité de ce que vous avez subi. Loin de là! Nous souhaitons simplement vous apprendre une façon d'arrêter de revivre la peine d'un incident qui s'est produit il y a longtemps. Afin que les raisons pour lesquelles vous devez adopter notre méthode soient plus claires, veuillez relire la section *Qui est responsable?* Dans cette section, aux pages 88 à 93 nous expliquons que plusieurs d'entre nous ont appris à jeter le blâme sur autrui pour nos sentiments, ce qui fait en sorte qu'il est impossible pour nous d'assumer la responsabilité pour nos réactions face aux événements qui nous ont touchés. Le mot clé est « réaction », car la réaction est la seule chose sur laquelle nous pouvons travailler.

REPRÉSENTATION GRAPHIQUE DE PERTES UNIQUES : LA FOI, LA CARRIÈRE, LA SANTÉ ET LE DÉMÉNAGEMENT

Au fil des ans, on nous a souvent demandé comment créer des graphiques de relations dans le contexte de pertes qui n'entrent pas dans les catégories évidentes comme le décès ou le divorce. Les questions les plus courantes portent sur la représentation des relations à la *perte de la foi, à la perte ou au changement de la carrière, à la perte ou au changement par rapport à la santé, et même au déménagement* dans un graphique. Ces pertes semblent être plus reliées à soi-même qu'à quelqu'un d'autre. Toutefois, à mesure que vous apprenez comment adresser ces pertes, vous constaterez qu'il existe une corrélation étroite entre ces pertes et les personnes qui sont importantes dans votre vie ou celles qui l'ont été par le passé.

Nous nous apprêtons à vous montrer comment surmonter certains des types de perte que nous avons mentionnés précédemment. Toutefois, et soulignons-le, TOUTEFOIS, avant d'essayer d'accomplir votre relation avec une de ces pertes, vous devez prendre toutes les mesures énoncées précédemment dans le présent guide. Cette directive est d'importance particulière dans le cas de vos relations avec les personnes qui ont plus directement touché votre vie. Sans ce travail fondamental, toute tentative d'accomplissement de ces autres types de pertes tend à être intellectuelle et analytique. Toutefois, si vous suivez nos conseils, vous pourrez réaliser le meilleur achèvement émotionnel possible de toute perte qui a eu un effet sur votre vie.

La présente section traite de trois éléments majeurs de la vie : la foi, la santé et la carrière. Le premier élément, la perte de la foi, est abordé de façon exhaustive. Même si vous n'avez pas perdu votre foi, nous vous demandons tout de même de lire cette partie. Vous y verrez des exemples pour les deux autres éléments qui suivent, soit la santé et la carrière.

Perte de la foi

Il existe deux contextes courants dans lesquels vous avez pu perdre votre foi en Dieu ou en votre religion. Le premier contexte est un événement tragique précis qui a provoqué une rupture de votre foi et que vous associez principalement à Dieu. L'autre contexte est une détérioration progressive de la foi sur une longue période, souvent associée non seulement à Dieu, mais aux fondements de votre religion, au clergé, à votre famille, ou à tout autre facteur lié à l'église. Votre prise de conscience de cette perte a pu découler de la plus récente d'une série de déceptions que vous associez à Dieu ou aux principes et aux personnes qui y sont reliées.

Peu importe ce qui a provoqué votre perte de foi, nous allons vous montrer comment accomplir ce qui demeure inachevé pour vous sur le plan émotionnel. Ces outils vous permettront d'accomplir votre relation émotionnelle avec Dieu ainsi qu'avec les personnes, les événements ou les établissements religieux qui ont provoqué la perte de votre foi ou qui y ont contribué. Tout d'abord, vous devrez dresser un graphique de relations avec votre foi. Ce graphique vous aidera à cerner les éléments qui sont directement liés à Dieu et les éléments qui sont liés aux personnes auxquelles vous associez votre rupture ou votre perte de foi. Le graphique de la foi est une collection de mini-graphiques des relations avec les personnes qui ont touché cet aspect de votre vie, ainsi qu'avec Dieu.

Relisez les directives de préparation du graphique : avant de commencer votre graphique, relisez aux pages 156 à 182, expliquant comment créer un graphique de relations. À mesure que vous vous remémorez des événements et des personnes, placez les expériences positives ou heureuses au-dessus de la ligne du graphique, et placez les expériences négatives ou pénibles en dessous de la ligne. Dans le cas de certains événements dont vous vous remémorez, votre réaction portera sur ce qui s'est passé ou ce qui ne s'est pas passé, et sur la façon dont votre relation avec Dieu a été touchée, soit positivement ou négativement. Ajoutez le nom des personnes en cause, et l'année approximative où ces événements ont eu lieu. Ne vous en faites pas si vous n'arrivez pas à vous souvenir de certains noms, dates ou détails précis.

Commencez votre graphique en vous remémorant de vos premiers souvenirs qui se rapportent à la religion. Voici ce que ces souvenirs peuvent comporter :

- vos parents;
- les prêtres, les rabbins ou les ministres (les membres du clergé);
- l'école du dimanche et ses enseignants;
- l'église, le temple, ou la mosquée (pour alléger, nous utiliserons le terme « église » à partir de maintenant);
- les principes de votre religion.

À un moment donné, vous avez probablement commencé à apprendre les doctrines de votre religion et vous avez peut-être aimé celles-ci ou non. Vous avez probablement traversé des périodes pendant lesquelles vous mettiez en doute ces doctrines. Si vous avez eu des idées et des sentiments bien arrêtés sur les principes religieux et spirituels, notez-les dans votre graphique; il est fort probable qu'ils font partie de ce qui vous a touché. Une plainte que nous avons souvent entendue est que certains enfants constatent que des leaders religieux ne respectent pas les préceptes qu'ils leur enseignent pendant leur enfance. S'il en a été le cas pour vous, il se peut que ce soit une des raisons pour lesquelles vous avez perdu votre foi, peut-être pas en Dieu, mais envers les personnes qui vous ont enseigné sur Dieu. Il est également important de noter si vous avez parlé ou non de votre expérience à quelqu'un et si cette personne a dit ou fait quelque chose pour vous aider; ces informations font partie de votre relation avec votre foi, donc ils doivent apparaître dans votre graphique de relations.

Une fois que vous aurez terminé votre graphique, vous devrez convertir vos découvertes en trois catégories de rétablissement : les excuses, le pardon et les déclarations émotionnelles importantes. Relisez aux pages 185 à 194, pour voir un rappel du processus. À mesure que vous convertissez les éléments de votre graphique en une, deux ou trois catégories de rétablissement, vous verrez lesquels doivent s'adresser à Dieu et lesquels doivent s'adresser aux personnes en cause. Prenez votre temps et consacrez votre énergie à convertir vos découvertes dans les catégories appropriées; plus vous êtes méticuleux lors de cette étape, plus votre lettre d'accomplissement sera efficace.

Il se peut que vous ayez une relation limitée avec certaines personnes, mais vous êtes tout de même reconnaissant envers celles-ci pour leur influence et leurs conseils en matière de religion. Dans ce cas, les excuses et le pardon ne sont pas nécessaires; vous voudrez tout simplement dire « merci », une déclaration émotionnelle simple, mais puissante.

Relire les directives de rédaction de la lettre : après que vous aurez fini de convertir les éléments de votre graphique en catégories de rétablissement, il sera temps de rédiger votre lettre d'accomplissement du rétablissement du deuil (*Grief Recovery Completion Letter* ©). Avant d'entamer la rédaction, relisez les directives de rédaction de la lettre a partir du bas de la page 198 jusqu'à 206. Portez une attention particulière au début de la page 200 qui vous rappellera de regrouper les éléments récurrents de votre graphique afin d'éviter de les répéter dans votre lettre. Ensuite, prenez votre liste de commentaires qui se trouvent dans les catégories de rétablissement et convertissez-la en lettre d'accomplissement. Puisque cette lettre s'adressera à plusieurs personnes ainsi qu'à Dieu, il serait bon de commencer chaque commentaire par le nom de la personne appropriée, si vous vous en souvenez. Nommer les personnes vous aidera à déterminer à qui vous adressez vos commentaires et vous permettra de ressentir des émotions importantes lorsque vous lirez votre lettre à haute voix plus tard.

Puisque vous avez des choses à dire à plusieurs personnes, ainsi qu'à Dieu, votre lettre sera multidirectionnelle. Elle englobera toutes les personnes et les relations qui figurent dans votre graphique, y compris votre relation avec Dieu. On pourrait la comparer à un arbre avec plusieurs branches où chaque personne et événement fait partie d'un tout. Nous vous recommandons d'entamer votre lettre avec une variation de la phrase que nous avons suggéré d'utiliser au début de vos autres lettres d'accomplissement. Dans ce cas, vous diriez : « J'ai passé en revue ma relation avec ma foi, Dieu, et les personnes associées aux expériences religieuses que j'ai vécues, et j'ai découvert des choses que je

voulais dire. »

Il est fort probable que les toutes premières entrées dans votre graphique s'adresseront à vos parents. Voici des exemples de commentaires dans le cas de premiers souvenirs positifs : « Maman, merci beaucoup de m'avoir enseigné sur Dieu et le paradis. Je me souviens que lorsque j'étais un petit enfant, je me sentais en sécurité en raison de ce que tu m'as appris. Maman, merci de m'emmener à l'école du dimanche et de m'encourager à lire la Bible. » De l'autre côté de la médaille, voici un exemple de ce que vous pourriez dire si vos premiers souvenirs sont plutôt négatifs : « Maman, je te pardonne de m'avoir forcé à aller à l'école du dimanche. L'enseignante était très méchante et elle m'a fait peur en m'expliquant ce qui m'arriverait si je ne croyais pas ce qu'elle m'apprenait. Maman, je te pardonne aussi de ne pas m'avoir aidé lorsque je t'en ai parlé. »

Ces exemples simples viennent de situations positives ou négatives. Vos souvenirs ne sont peut-être pas toujours concrètement positifs ou négatifs; ils peuvent être à la fois positifs et négatifs. Vos sentiments par rapport à votre père peuvent également être différents à ceux que vous ressentez par rapport à votre mère. Dans un tel cas, vous pouvez adresser des commentaires individuellement à votre père et votre mère dans votre lettre.

La prochaine partie de votre lettre pourrait s'adresser à un enseignant de l'école du dimanche, envers qui vos émotions sont positives, négatives ou les deux. Classez vos déclarations à propos de ces émotions dans les catégories appropriées. Comme nous l'avons dit précédemment, il est possible que vous ne vous souveniez pas des noms ni des dates, mais ne vous en préoccupez pas; le but est de transmettre indirectement les émotions que vous n'avez jamais communiquées aux personnes qui ont eu un quelconque effet sur vos croyances religieuses. Par exemple, peut-être que vous avez remercié un membre du clergé il y a plusieurs années pour quelque chose qui s'est produit, mais vous ressentez maintenant un besoin plus fort d'exprimer votre reconnaissance : « Pasteur Joey, je voulais vous faire savoir à quel point ce que vous m'avez appris m'a aidé au cours de ma vie et en quoi vous avez changé ma façon de parler de la religion à mes enfants. Merci beaucoup ». Vous pourriez adopter ce même style d'écriture pour parler de quelque chose de négatif, mais vous devez pardonner à la personne adressée. Voici un exemple : « M. Glazer, je me souviens à quel point j'étais effrayé lorsque vous m'avez appris sur le Diable. J'ai ressenti cette peur pendant la majeure partie de ma vie. Je vous pardonne afin que je puisse être libre de cette peur. »

Il est à noter que de nombreuses personnes sont en colère contre Dieu, surtout lorsqu'il arrive un malheur à un proche ou à elles-mêmes. Il se peut que vous ressentiez cette colère, mais que cette émotion vous rende mal à l'aise. Vous auriez donc besoin de pardonner à Dieu, mais l'idée de « pardonner » à Dieu vous fait peut-être peur, puisque cela vous semble être un manque de respect envers Lui. Le problème est que si vous éprouvez de la rancune ressentiment envers Dieu pour des choses qui se sont produites ou non, vous devez Lui pardonner, sinon vous ne pourrez jamais regagner votre confiance en Dieu. Même si le renouvellement de votre foi en Dieu n'est pas votre objectif, à quoi bon vivre avec cette rancune ressentiment qui brûle dans votre cœur et votre âme?

De l'autre côté de la médaille, il se peut que vous n'ayez que d'importantes choses positives à communiquer. Voici un exemple de ce que vous pourriez dire lorsque vous croyez que Dieu vous a aidé lors d'un moment difficile : « Dieu, merci d'accompagner ma famille et moi lors de notre deuil de nos cousins qui sont morts dans une collision automobile. » Il s'agit d'un remerciement générique, alors personnalisez-le à l'aide de vos propres croyances et paroles pour exprimer ce qui est important pour vous.

Nous savons qu'il existe plusieurs croyances en matière de la communication avec Dieu; nous ne suggérons pas aux lecteurs de faire quelque chose qu'ils ne sont pas à l'aise de faire. Ceci étant dit, nous vous conseillons de communiquer des choses positives et négatives le plus directement possible à Dieu, que ce soit des excuses, le pardon ou des déclarations émotionnelles importantes. Plus vous communiquez vos idées et sentiments directement, plus vous vous sentirez accompli.

La conclusion de votre lettre : la conclusion, tout comme l'appel, s'adresse habituellement à plusieurs personnes ainsi qu'à Dieu. Il existe autant de façons appropriées de conclure votre lettre que de personnes à qui s'adresse cette lettre. Nous ne pourrions jamais trop insister sur l'importance de dire « adieu » à la fin de la lettre, comme dans toute autre lettre d'accomplissement. Oui, nous vous suggérons de dire « adieu » à Dieu et à toute autre personne à qui cette lettre s'adresse. N'oubliez pas toutefois que votre adieu n'achève pas la relation; il achève plutôt la communication. Une méthode que vous pourriez adopter est d'adresser un commentaire général à tous les destinataires à la fois, par exemple : « Je dois partir maintenant, et je dois renoncer à la douleur que j'associe à Dieu, à la religion et à toutes les personnes qui y sont reliées. Adieu ». Vous pouvez également adresser votre conclusion à Dieu et à quelques personnes de votre choix. C'est acceptable et c'est vous qui décidez, mais n'oubliez pas de dire « adieu » à la toute fin.

Après que vous avez terminé de rédiger votre lettre d'accomplissement du rétablissement du deuil (*Grief Recovery Completion Letter* ©), il ne manque plus que de lire votre lettre à voix haute à une personne de confiance. Consultez et suivez les directives pour les personnes qui écoutent fin Chapitre 12. Il est essentiel que la personne qui vous écoute s'engage envers la confidentialité absolue à propos de la lettre que vous lui lisez.

Perte ou changement de carrière

La méthode pour surmonter les problèmes de carrière suit les mêmes grandes lignes que celle que nous venons d'aborder pour traiter la perte de la foi. Si vous n'avez pas encore lu la section précédente, veuillez la lire avant d'entamer celle-ci, car il sera plus facile pour vous de suivre les directives.

Votre relation avec vos problèmes de carrière remonte aux toutes premières tâches que vous aviez à faire lors de votre enfance. Nous tenons pour acquis que vous aviez des tâches à faire, mais il est aussi important de noter si vous n'en aviez pas. Il se peut que l'on vous ait offert de l'argent de poche pour l'exécution de ces tâches; s'il en est le cas, notez-le dans votre graphique. Remémorez-vous ce que vos parents faisaient ou ne faisaient pas par rapport au travail et notez-le. Avaient-ils un emploi stable ou non? Faisaient-ils preuve d'une bonne « éthique de travail »? S'il s'agissait seulement de votre père qui travaillait, votre mère prenait-elle les tâches ménagères au sérieux tout en vous montrant comment les effectuer de façon appropriée? Cette même question s'applique s'il s'agissait plutôt de votre mère qui travaillait et votre père qui restait à la maison. Toutes les observations que vous avez constatées lors de votre enfance, les bonnes comme les mauvaises, contribuent à vos croyances et vos émotions par rapport au travail et à votre carrière.

Remplissez votre graphique dans l'ordre chronologique, à partir de votre enfance, progressant vers le début de l'âge adulte jusqu'au moment présent. Vous passerez des corvées aux emplois, par exemple de la tonte de gazon et du gardiennage aux postes payants. Il se peut qu'après l'âge de 16 ans, vous eussiez eu un emploi au magasin du coin. Le graphique de votre carrière pourrait contenir des patrons, des superviseurs et des collègues de travail. Vous vous êtes mieux entendu avec certains que d'autres, et certains vous ont mieux traité que d'autres; vous pouvez indiquer tous ces détails dans votre graphique.

Après que vous aurez terminé votre graphique, vous devrez convertir les événements et les personnes en catégories de rétablissement, classer ces entrées dans une, deux ou trois catégories, puis penser aux commentaires que vous écrirez dans votre lettre d'accomplissement. Voici un exemple de commentaire que vous pourriez faire auprès d'un patron que vous avez eu lors de votre adolescence : « Pendant plusieurs années, je t'en voulais de m'avoir renvoyé chez moi le jour où je suis arrivé en retard. Toutefois, j'en ai tiré une leçon importante. Depuis ce jour, je prends mes engagements au sérieux et je suis toujours ponctuel. Je te pardonne de m'avoir renvoyé chez moi, et je te remercie de m'avoir appris une leçon de vie précieuse. »

Dans le monde des affaires d'aujourd'hui, il n'est pas rare de perdre son emploi ou d'être victime d'une réduction des effectifs, même si l'on est un bon employé. Souvent, on communique la fin de l'emploi avec un manque apparent de préoccupation pour vous, votre bien-être ou votre réaction émotionnelle. Compte tenu de cela, le pardon est souvent un élément incontournable de l'accomplissement.

Lorsque vous serez prêt à entamer la rédaction de votre lettre d'accomplissement, vous pouvez utiliser un style informel et ouvert : « J'ai passé en revue ma relation avec ma carrière et j'ai découvert des choses que je voulais dire. » Comme nous l'avons souligné dans la section portant sur la foi, votre graphique et votre lettre se rapporteront à une série de relations avec les nombreuses personnes qui ont touché votre vie professionnelle. Un des problèmes les plus courants par rapport aux questions de carrière est que nos espoirs, nos rêves et nos attentes envers notre vie professionnelle ne se concrétisent pas toujours. Servez-vous de cette lettre d'accomplissement pour dire « adieu » à vos anciens rêves, ce qui vous permettra de créer de nouveaux rêves réalisables.

Nous ne pourrions jamais trop insister sur l'importance de dire « adieu » à la fin de la lettre, comme dans toute autre lettre d'accomplissement. Une méthode que vous pourriez adopter est d'adresser un commentaire général à tous les destinataires à la fois, par exemple : « Je dois partir maintenant, et je dois renoncer à la douleur que j'associe à ma carrière et à toutes les personnes qui y sont reliées. Adieu. »

Perte et changements de la santé

La présente section, comme la précédente, est basée sur les mêmes idées que nous avons abordées dans la section portant sur la perte de la foi au début du présent chapitre. Veuillez prendre le temps de relire la section « Perte de la foi » afin d'avoir une idée du format que vous pourrez également utiliser pour traiter des problèmes de santé.

Encore une fois, nous allons commencer par le début, ou plutôt par votre début. Nous voulons que vous prépariez un graphique de votre relation avec votre « moi physique ». Lorsque vous étiez un petit garçon ou une petite fille, étiez-vous athlétique? Dansiez-vous? Faisiez-vous beaucoup d'activité physique? Si vous avez répondu à au moins une de ces questions par « oui », il sera relativement facile pour vous d'entamer la création de votre graphique. Vous vous remémorerez des choses que vous aimiez faire et les personnes avec qui vous aimiez les faire. Il est à noter que vous ne vous souviendrez peut-être pas des noms de toutes les personnes avec qui vous jouiez lors de votre enfance ni de toutes les dates auxquelles vous aviez fait certaines choses. Ne vous en faites pas; nous accordons plutôt l'importance sur la joie et le plaisir, ou encore la douleur, qui se manifestaient lorsque vous faisiez des activités physiques.

À mesure que vous vieillissiez et deveniez plus mature, vous avez peut-être eu une perception positive ou négative de votre corps, de votre apparence et de ce que les autres pensaient de vous. Il se peut aussi que certaines maladies ou conditions vous aient empêché de jouer ou d'utiliser votre corps, même pour la randonnée, la bicyclette ou la natation. Votre amour pour les activités physiques a créé un sentiment de perte correspondant lorsque vous ne pouviez pas les pratiquer.

Pour ceux et celles d'entre vous qui ne s'adonnaient pas aux activités physiques, c'est-dire, qui ne pratiquaient pas de sport, de danse ni d'activités à l'extérieur, votre graphique de relations portant sur votre corps et votre santé sera légèrement différent. Pour certaines personnes, les plus grandes joies de la vie sont cérébrales plutôt que physiques. Néanmoins, certains problèmes de santé peuvent vous avoir empêché de lire, d'utiliser un ordinateur ou de poursuivre vos intérêts d'une quelconque façon. Nous ne laissons pas entendre que vous n'aviez aucune relation avec votre corps et votre santé ni que le déclin de votre santé ne vous a pas fortement touché. D'ailleurs, il s'agit parfois de la perte de certaines capacités physiques qui permettent à certaines personnes de constater qu'elles n'ont pas consacré suffisamment de temps aux activités physiques.

Quoi qu'il en soit, lors de la préparation du graphique de votre relation avec les activités physiques, vous constaterez que celle-ci concerne habituellement d'autres personnes. Dans le contexte des sports, des coéquipiers, des entraîneurs et d'autres personnes auront fait partie de votre monde. Encore une fois, vous vous êtes probablement mieux entendu avec certains que d'autres. Vous avez une mini-relation avec chacune de ces personnes et vous devrez les aborder. Vous pourriez dire « Merci de m'avoir appuyé en tant que coéquipier. Je me souviens que tu m'encourageais constamment, ce qui m'avait beaucoup aidé! », ou « Tu ne m'as jamais fait sentir comme si je faisais partie de l'équipe. Je te pardonne pour ton égoïsme. »

Pour un grand nombre de personnes, les sports, la randonnée, la danse et d'autres activités physiques sont des événements leur permettant de connaître un certain équilibre dans leur vie, les aidant ainsi à réduire la pression qu'elles ressentent par rapport au travail ou à d'autres sources de préoccupation.

L'utilisation de notre corps peut être très thérapeutique, car elle nous permet de nous changer les idées. Perdre la capacité de faire de l'activité physique peut être un événement extrêmement difficile qu'il faut éviter d'ignorer ou de minimiser. Souvent, lorsque notre santé est en déclin, nous perdons le sentiment d'indépendance que nous ressentons lorsque nous sommes en bonne santé physique. N'oubliez pas que certains problèmes de santé peuvent limiter notre capacité de conduire une voiture, ce qui mène aussi à une perte du sentiment d'indépendance. La perte de la santé mène plus souvent à un sentiment de vulnérabilité et, par conséquent, à la perte de la sécurité que toute autre perte.

Lors de la rédaction de votre lettre d'accomplissement, vous adresserez certaines de vos déclarations émotionnelles importantes aux personnes qui ont fait partie des aspects physiques de votre vie. Toutefois, certaines de vos déclarations seront plutôt destinées à votre propre corps. Parler à son propre corps peut sembler ridicule, mais nous croyons qu'il est bon de remercier votre corps pour le plaisir qu'il vous a procuré lors des activités physiques que vous aimiez faire. Dans la section portant sur la perte de la carrière, nous avons mentionné que la lettre d'accomplissement est le contexte idéal pour dire « adieu » aux espoirs et aux rêves qui ne se sont pas concrétisés, afin de pouvoir établir de nouveaux espoirs réalisables. Il en va de même pour les pertes reliées à la santé. Il est important lors de la préparation du graphique et de la lettre de profiter de l'occasion de dire « adieu » à ce que nous pouvions faire auparavant afin de nous concentrer sur ce que nous pouvons faire maintenant.

En abordant vos problèmes de santé, il se peut que vous vous rendiez compte que certaines choses qui se sont produites sont reliées au soin ou au manque de soin que vous avez apporté à votre corps. S'il en est le cas, le graphique et la lettre sont les endroits idéaux pour présenter des excuses envers vous-même pour ce manque de soin. Oui, ceci peut sembler ridicule, mais faites-le tout de même. Certaines personnes préfèrent se pardonner à elles-mêmes plutôt que de s'excuser; cette décision ne regarde que vous.

Un dernier point à apporter : pour certaines personnes, les idées négatives qu'elles se font à propos de leur propre corps ou de leurs habiletés et capacités athlétiques et physiques viennent de leurs parents, leurs frères et sœurs, ou d'autres personnes. L'image que ces personnes ont d'elles-mêmes peut les toucher tout au long de leur vie et limiter ce qu'elles font en matière d'activités physiques. Le graphique et la lettre vous offrent l'occasion idéale de pardonner à ces personnes qui ont créé ces limites dans votre relation avec votre corps, votre santé et les activités physiques.

DÉMÉNAGEMENT

Parmi les expériences de deuil, le déménagement est probablement celle qui est le plus souvent négligée. Afin de comprendre pourquoi nous croyons ceci, vous n'avez qu'à appliquer notre définition du deuil : *les sentiments contradictoires suscités par la fin ou le changement d'un modèle habituel de comportement.* Cette définition correspond parfaitement au déménagement, car tout ce qui vous est familier change.

La meilleure façon de vous montrer ce que nous voulons dire est de recopier une section de notre livre intitulé *When Children Grieve* dans laquelle John W. James raconte une histoire sur sa famille. Même si cette histoire semble être axée sur le fils de John, elle est pertinente pour les personnes de tous âges (ce qui suit est une traduction libre) :

En 1987, John, son épouse Jess, et leur fils de six ans, Cole, se préparaient à déménager de leur appartement à Los Angeles pour emménager dans une maison dans un nouveau quartier. À l'époque, John aidait déjà les personnes endeuillées depuis plusieurs années, donc il savait que le deuil peut se définir comme étant les sentiments contradictoires suscités par la fin ou le changement d'un modèle habituel de comportement.

John avait déjà reconnu depuis longtemps que le premier déménagement représente l'une des expériences de perte les plus marquantes chez les enfants. Il savait que le fait que la nouvelle demeure était plus grande et plus belle n'avait aucune importance. Il savait aussi que la distance du déménagement importait peu, qu'il soit d'une ville ou d'un état à un autre, ou tout simplement d'un quartier de la ville à un autre.

Les enfants éprouvent souvent de la difficulté à s'adapter aux changements, car ceux-ci peuvent être effrayants. Le déménagement représente automatiquement le changement de tout ce qui est familier pour l'enfant. Qui d'autre est également touché par le déménagement? Si vous avez répondu par « les parents », vous avez raison.

Souvent, lorsqu'une famille déménage, c'est parce qu'elle a plus d'argent et qu'elle déménage dans une plus grande maison; ce sont des raisons positives.

Toutefois, peu importe la taille ou l'état de l'ancienne maison, les enfants y sont accoutumés. Ils connaissent leur demeure, et celle-ci semble connaître les enfants. Ils connaissent tous les coins et les recoins de cette maison qui est la leur. Les sentiments d'anticipation par rapport à la nouvelle maison se confondent avec la tristesse à l'égard de devoir quitter l'ancienne maison. Même si les enfants n'aimaient pas nécessairement leur ancienne maison, celle-ci leur était familière. Ce mélange de sentiments positifs et négatifs illustre ce dont on parle lorsqu'il est question de « sentiments contradictoires ».

Parfois, le déménagement découle plutôt d'un revers de fortune et se fait d'une grande maison vers une plus petite maison. Ce déménagement représente aussi le changement de ce qui est familier, mais il ajoute également des sentiments négatifs liés aux difficultés financières. Même si les jeunes enfants ne se sentent pas directement touchés par les problèmes financiers, ils en ressentiront les effets en raison de l'attitude des parents. Les enfants entendent souvent leurs parents se disputer le soir à propos de l'argent.
Certains d'entre eux perçoivent aussi la communication non verbale entre les parents qui indique que quelque chose ne va pas bien.

Il est sage de garder à l'esprit que tout changement majeur peut créer de l'énergie émotionnelle chez les enfants ainsi que chez les adultes.

Cole se réjouissait à l'idée de vivre dans une maison où il y avait une cour et une piscine. Il était également ravi de savoir qu'il aurait une plus grande chambre. Toutefois, Cole était triste de déménager loin des amis qu'il s'était faits à son ancienne école et dans son voisinage. John savait que le déménagement allait lui offrir une occasion en or d'apprendre à Cole comment gérer les sentiments complexes qu'il ressentait.

John et sa famille ont fait une tournée émotionnelle de leur appartement. Ils ont parlé des souvenirs qu'ils ont créés ensemble dans chaque pièce. Cole s'est très rapidement mis dans l'esprit de l'activité. La famille a parlé des expériences heureuses et tristes qu'elle a vécues dans chaque pièce. Elle a remercié chaque pièce de l'avoir gardée en sécurité et protégée de la chaleur et du froid. Elle s'est remémoré les événements importants, comme la première fois que Cole a perdu une dent et le jour où il a appris à écrire son propre nom. La famille a dit « merci » et « adieu » avant de quitter chaque pièce. Cet exercice n'était pas seulement dans l'intérêt de Cole; John et Jess ont également pu se remémorer beaucoup de leurs souvenirs, les bons comme les mauvais, et en parler. Ce processus était très bénéfique pour les trois. Le jour du déménagement, Cole a dit « adieu » à la seule demeure qu'il a connue, la larme à l'œil. Cole s'est très bien adapté à sa nouvelle demeure. Puisqu'il avait accompli sa relation avec son ancien appartement, il a pu créer une nouvelle relation avec sa nouvelle demeure.

John et Jess gardent toujours de bons souvenirs de l'appartement dans lequel Cole a passé ses premières années, et ils ont créé beaucoup de souvenirs merveilleux dans leur nouvelle maison.

Cole partira bientôt pour entamer ses études au collège. Sa chambre sera toujours la sienne lorsqu'il reviendra pour la période des Fêtes et les vacances, mais Cole posera les mêmes gestes qu'il a posés il y a treize ans, car il reconnaît que beaucoup de ses activités quotidiennes changeront en raison de son déménagement. John et Jess accompagneront Cole dans ce processus et ils se remémoreront ensemble tout ce qu'ils ont vécu au cours des treize dernières années. Il passera maintenant la majeure partie de son temps dans sa résidence pour étudiants, où il établira de nouveaux modèles habituels de comportement. Vous savez sans doute déjà ce que Cole *devra faire après ses quatre années au collège.*

Faites-le, même si cela vous semble ridicule : nous vous recommandons fortement de prendre les mêmes mesures que nous vous avons décrites dans l'histoire de John lorsque vous déménagez, même si vous n'avez pas d'enfants. Le plus important est de ne pas vivre ce processus seul. Souvenez-vous que John, Jess et Cole ont effectué cet exercice ensemble et les trois ont parlé de leurs souvenirs de ce qu'ils ont vécu dans chaque chambre de l'appartement. Même si vous viviez seul, assurez-vous d'être accompagné d'un ami lorsque vous parlez de vos souvenirs, puis dites « adieu » à chaque pièce.

Nous avons trop souvent vu les effets négatifs qui se produisent lorsque les adultes et les enfants omettent de bien accomplir leur relation avec quelque chose d'aussi important que leur demeure. Ce simple exercice peut vous aider à assurer une transition en douceur vers votre nouvelle demeure.

Ces actions peuvent vous porter à découvrir des émotions non résolues que vous ressentez par rapport à des personnes ou des relations de votre passé. Grâce aux actions que vous avez apprises en lisant le présent guide, vous pourrez maintenant accomplir ces émotions.

Même si cet exercice vous semble ridicule, nous ne pouvons pas exagérer son importance; faites-le quand même.

CONSEILS DIVERS

Combien d'entrées doit-il y avoir dans le graphique de l'historique des pertes, le graphique de relations et la lettre d'accomplissement? On nous demande souvent combien d'entrées il doit y avoir dans un graphique de l'historique des pertes ou un graphique de relations. Étant donné que chaque personne est différente, il n'existe pas un nombre exact. Une des différences repose dans son style personnel : John a tendance à utiliser peu de mots, tant à l'oral qu'à l'écrit, tandis que Russell a tendance à être plus loquace. Vous constaterez cette différence en observant leurs graphiques de l'historique des pertes et leurs graphiques des relations respectifs dans le présent guide. John a inscrit neuf entrées dans son graphique de l'historique des pertes, tandis que Russell en a inscrit treize dans le sien. John a huit entrées dans le graphique de sa relation avec son frère et Russell en a douze dans le graphique de sa relation avec son ancienne épouse. Il faut garder à l'esprit que ces graphiques ne sont que des exemples pour illustrer la technique de préparation; ceux-ci ne représentent pas des versions intégrales des graphiques originaux, mais ils révèlent la différence entre les styles de John et Russell.

Il n'existe pas de règle absolue qui détermine le nombre d'entrées qu'un graphique doit contenir; l'objectif est la précision et non le volume. Nous avons connu des personnes qui avaient trop d'entrées dans leur graphique de l'historique des pertes ou dans leur graphique de relations et qui, par conséquent, n'ont pas pu en tirer les bienfaits. Les graphiques étaient devenus répétitifs, car ils contenaient chaque exemple de certaines situations données. Nous n'essayons pas de laisser entendre que vous n'avez pas vécu un nombre démesuré de pertes liées au décès d'un proche. L'idéal serait de seulement mentionner le décès des personnes avec qui vous aviez une relation étroite; sans vouloir porter de jugement, il n'est peut-être pas nécessaire d'inclure dans votre graphique le décès de votre petit cousin que vous avez seulement rencontré deux fois au cours de votre vie.

Si nous devions déterminer un nombre d'entrées à inscrire dans un graphique de l'historique des pertes, en règle générale, ce nombre se situerait entre six et vingt. Parmi les milliers de graphiques que nous avons vus, la moyenne est probablement d'environ quinze entrées. Au-delà de quinze entrées, vous vous retrouverez probablement à énumérer des événements qui sont semblables les uns aux autres ou à inclure des personnes avec qui vous aviez une relation plus distante.

Pour sa part, un graphique de relations pourrait contenir cinq à quinze entrées au-dessus de la ligne et le même nombre en dessous de la ligne. Votre graphique pourrait contenir plus d'entrées d'un côté que de l'autre selon la nature de la relation, qui peut être positive ou négative. Toutefois, si vous constatez que vous avez inscrit un grand nombre d'entrées dans l'un des côtés, vérifiez si vous avez répété certains types d'événements plus qu'une fois. Les répétitions ne sont pas nécessaires; elles risquent de vous faire vivre continuellement des émotions difficiles ou de préserver une image déraisonnablement positive de la relation.

Les mêmes lignes directrices s'appliquent pour la lettre d'accomplissement que vous créez à partir de votre graphique de relations.

La compassion par opposition à l'annulation

Un cliché s'est glissé dans le vocabulaire moderne et il est devenu un obstacle réel à la réalisation de l'accomplissement émotionnelle : « Il a fait du mieux qu'il a pu avec ce qu'il avait. » Habituellement, cette phrase s'applique à quelqu'un avec qui l'on n'entretenait pas une bonne relation. Toutefois, même si elle est vraie sur le plan intellectuel, elle est inutile sur le plan émotionnel. Nous avons vu beaucoup de personnes écrire ce commentaire à la fin de leur lettre d'accomplissement et, dans plusieurs cas, celles-ci ont communiqué avec nous plus tard pour nous faire savoir qu'elles ne sentaient pas que leur relation était accomplie. Dans leur lettre, ces personnes écrivent « tu as fait du mieux que tu as pu avec ce que tu avais ». Lorsqu'une personne utilise ce cliché, elle annule par inadvertance le pardon qu'elle avait accordé précédemment dans sa lettre. Sans s'en rendre compte, elle justifie le mauvais comportement de la personne à qui elle veut pardonner. Lorsqu'on y pense de façon logique, les gens font toujours de leur mieux, sinon ils feraient autre chose. Le fait plus triste est que dans certains cas, le « mieux » qu'une personne a pu faire a presque ruiné notre vie.

Soyons juste, il est possible qu'un de vos parents ou les personnes qui vous ont élevé ait aussi vécu une mauvaise enfance ou aient été victimes des actions d'autrui ou d'événements plus tard dans leur vie. Ils ont peut-être été assujettis à l'alcoolisme, à la maladie mentale ou tout simplement à la cruauté. Il est tout à fait acceptable de ressentir de la compassion envers eux pour ce qu'ils ont vécu. Toutefois, il se peut qu'en même temps de porter sur leurs épaules le poids de ces situations difficiles au cours de leur vie, ces personnes vous en aient aussi fait ressentir les conséquences. Si vous avez de la compassion envers ce que ces personnes ont vécu malgré ce qu'elles vous ont fait, il existe une façon utile de l'exprimer. Plutôt que de justifier leurs actions en disant qu'il s'agissait du mieux qu'ils ont pu faire, annulant ainsi le pardon que vous aviez accordé dans la lettre d'accomplissement, vous pourriez plutôt dire : « Papa, j'ai beaucoup de compassion pour toi et pour les événements qui t'ont touché. » Vous devez faire cette déclaration à la toute fin de la lettre, après avoir accordé tous les pardons nécessaires.

Aucune question, seulement des déclarations La lettre d'accomplissement ne doit pas renfermer de questions. Évidemment, une personne décédée ne peut pas répondre à une question qu'on lui adresse. Nous avons vu des questions comme la suivante : «
Papa, pourquoi n'as-tu pas pris mieux soin de toi? » Poser une question sans réponse comme celle-là, même si elle est rhétorique, ne vous permet pas d'accomplir votre relation. Puisque le rétablissement du deuil vise l'accomplissement émotionnel, vous vous placez en situation d'échec en posant une question sans réponse.

Il est clair qu'il est impossible pour les personnes décédées de répondre à vos questions, mais il est toujours déconseillé de poser des questions à vos proches dans une lettre d'accomplissement. Nous tenons à vous rappeler que vous ne devez jamais lire vos lettres aux personnes vivantes à qui elles s'adressent, car ces lettres contiennent des mots de pardon qui ne doivent jamais leur être communiqués directement. Donc, puisque ces personnes ne prendront pas connaissance de vos lettres, vous n'obtiendrez pas les réponses aux questions que vous posez. Cela ne signifie pas que vous ne pouvez pas poser des questions aux personnes vivantes lorsque vous les voyez ou que vous leur parlez, cette décision vous revient, mais évitez de poser des questions dans vos lettres d'accomplissement.

Utiliser la lettre post-scriptum pour augmenter les chances d'accomplissement

Il se peut que vous sentiez encore que vos relations avec vos parents et avec les autres personnes qui vous ont touché sont incomplètes même après avoir préparé des graphiques des relations et des lettres d'accomplissement. Si c'est le cas, faites un retour sur les aspects qui ont contribué à vos pertes de confiance, de sécurité, de normalité et d'enfance, et travaillez davantage sur ceux-ci. Vous pouvez rédiger un mini-graphique et une lettre postscriptum portant sur les éléments d'une relation dans laquelle vous vous remémorez des événements ou des situations qui vous ont fait sentir méfiant ou en danger.

Nous avons indiqué les lignes directrices précises par rapport à la rédaction de la lettre post-scriptum dans la section *Qu'en est-il des nouvelles découvertes? Histoire de Cole*. La lettre postscriptum que John a adressé à son père prouve qu'il n'est pas nécessaire de recommencer le graphique de relations et la lettre d'accomplissement en entier; il suffit de gérer la situation particulière qui vient de survenir.

Après avoir préparé votre mini-graphique et la lettre d'accomplissement post-scriptum, assurezvous de lire votre lettre à voix haute à une personne de confiance. Suivez les directives en ce qui concerne les lecteurs et les écouteurs.

LE MOT DE LA FIN

Le rétablissement du deuil ou d'une perte se fait par une série de petits choix éclairés effectués par la personne endeuillée. Nous sommes ravis d'avoir pu profiter de l'occasion offerte par la publication de l'édition dans le cadre du 20e anniversaire de ce guide pour transmettre quelques conseils supplémentaires pour vous aider à prendre ces actions.

Nous savons maintenant que vous serez nombreux à lire ce guide, à l'aimer et à en tirer parti. Toutefois, certains d'entre vous ne prendront pas les mesures nécessaires au rétablissement. Nous sommes très honorés que vous ayez pris le temps de lire et d'aimer ce livre, mais nous serions aux anges si vous preniez le temps d'effectuer les actions de rétablissement, avec ou sans partenaire. Ne croyez pas que le simple fait de lire et de comprendre ce guide suffit pour que vous vous sentiez accompli; il faut agir pour s'accomplir.

Comme toujours, vous avez tout notre soutien et notre respect pour votre courage et votre volonté.

John   W.   James
et
Russell Friedman

Grief Recovery Institute : services et programmes

Le *Grief Recovery Institute* et ses milliers d'affiliés offrent une variété de programmes pour les personnes endeuillées. Du personnel en rétablissement de deuil certifié anime des programmes d'aides en rétablissement du deuil (*Grief Recovery Outreach programs*) dans de petites et grandes villes partout aux États-Unis et au Canada. On commence également à offrir ces programmes dans d'autres pays.

Les programmes du rétablissement du deuil sont conçus pour aider les personnes endeuillées à accomplir la douleur découlant de toute perte importante. Ces programmes sont idéaux pour quiconque a de la difficulté à trouver une partenaire pour effectuer le travail décrit dans le livre.

La certification en rétablissement du deuil autorise l'utilisation de notre marque de commerce enregistrée. Cherchez pour la marque *Grief Recovery*®. Nous vous assurons que l'animateur peut nous joindre directement et utiliser notre programme comme il se doit. Le *Grief Recovery Institute* constitue le centre de formation pour le programme de certification.

Le *Grief Recovery Institute* dirige des séminaires intensifs pour des personnes endeuillées à l'échelle du pays, et offre des conférenciers pour une grande variété d'organismes.

Pour toute information sur nos programmes, veuillez communiquer avec nous.

> Aux États-Unis :
> Grief Recovery Institute
> 132 SW Crowell Way, Suite 100
> Bend, Or 97702
> (800) 334 7606

Nous espérons également que vous nous visiterez sur le Web. Voici notre page d'accueil :

www.griefrecoverymethod.com

Vous pouvez également communiquer avec nous par courriel à l'adresse info@griefrecoverymethod.com

Remerciements

De John :

Après 30 ans, il y a bien trop de personnes à remercier individuellement. Toutefois, il y a quelques personnes que je dois absolument mentionner.

J'aimerais remercier personnellement Tommy Atkinson, Dan Brithlinger, John Borgwardt, Duane Chambers, ainsi que Steve et Terry Huston. Je tiens à leur offrir une reconnaissance spéciale et à les remercier personnellement pour ces premières journées. Je désire également remercier Frank Cherry, mon premier partenaire, qui était là au début.

L'édition revue a sa propre liste de personnes à remercier. Ces personnes sont : Jonathan Diamond, notre agent, et Trena Keating, notre éditrice hautement qualifiée chez HarperCollins, à qui nous avons toujours le plaisir de parler au téléphone.

Je tiens à remercier mon partenaire et ami, Russell. Il est le bénévole qui ne voulait tout simplement jamais partir. Maintenant, il est mon partenaire dans notre mission. Nous rions et pleurons ensemble, et réussissons d'une manière ou d'une autre à offrir nos messages d'espoir à ceux qui en ont plus besoin.

Je veux également remercier mes deux enfants. Allison n'avait que 12 ans la dernière fois que j'ai écrit des remerciements. Au cours des vingt dernières années, j'ai fermé mes yeux pour ce que j'ai cru être une courte durée. Lorsque je les ai ouverts à nouveau, elle était une femme de 22 ans, belle et magnifique. Vingt ans passés, notre fils Cole n'avait que 6 ans. Une fois, un intervieweur lui a demandé s'il savait ce que faisait son père. Il a pensé pendant un moment, puis a répondu, « mon papa aide les gens. » Il avait raison à l'époque, et il a encore raison aujourd'hui.

Il a maintenant 26 ans, et fait 6 pi 2 po et 190 lb. Je ne saurais vous dire à quel point je les aime.

Je tiens également à remercier les dizaines de milliers de personnes endeuillées qui ont partagé leur douleur, leurs espoirs, et leurs rêves avec moi. J'en suis honoré. Sans leur participation, le *Grief Recovery Institute* ne connaîtrait assurément pas le succès qu'il connaît aujourd'hui, et n'aurait pas touché tant de personnes qui souffrent.

Comment pourrais-je possiblement remercier mon épouse, Jess Walton? Après la mort de mon fils, je ne pensais jamais connaître le bonheur à nouveau. Comme bien d'autres, je riais à l'extérieur, tout en pleurant à l'intérieur. Puis Jess est entrée dans ma vie. Elle m'a appuyé pendant toutes ces années. Elle a appuyé cet effort d'aider les personnes endeuillées avec joie. Elle a enduré mes voyages, mes longues heures de travail, et des personnes qui pleuraient dans notre salon. Elle participe même à des jeux télévisés pour gagner de l'argent pour son œuvre de bienfaisance préféré, le *Grief Recovery Institute*, lorsque l'énorme facture du téléphone aurait dû être payée depuis longtemps. Pendant tout ce temps, elle a continué à pratiquer son métier d'actrice, son domaine de choix. Elle est une personne élégante, dans une profession élégante, et ma profession est loin de l'être. Je sais qu'elle comprend comment je l'aime et l'apprécie, mais je tiens tout de même à la remercier et lui dire que je l'aime.

- *John W. James*

De Russell :

Lorsqu'ils apprennent ce que je fais, mes amis et connaissances me demandent toujours si c'est épuisant sur le plan émotionnel. Ma réponse demeure toujours la même : « Ce que je fais procure un sentiment d'élévation émotionnelle. J'ai peine à imaginer autre chose qui pourrait remplir autant mon cœur et mon esprit. Chaque fois que j'aide une personne en deuil, elle se sent mieux, tout comme moi. »

Les principes et les actions de rétablissement de deuil ont changé ma vie de plusieurs façons. Je n'ai jamais été aussi heureux. Et quand je suis triste, je suis très triste. Tous les sentiments sont bons. La vie n'est plus une corvée ou quelque chose que l'on doit endurer.

Je tiens à transmettre mes remerciements et mon amour aux personnes suivantes :

ma mère — tu me manques; mon père — mon ami; ma partenaire, Alice; mon partenaire d'affaires et ami, John W. James; ma fille, Kelly; mon amie, Claudia; ma nièce, Gabi, et sa mère, Liza;

mes merveilleuses sœurs jumelles, Margie et Patti;

mon merveilleux frère, Ken;

mes deux charmantes ex-épouses, Vivienne et Jeanne;

mon saint personnel, Victor; mes partenaires de golf, Laurie, Willie, Frank, et Ken, qui ont toléré mes sauts d'humeur comme mon élan de golf; et

tous les autres suspects habituels, surtout Kathleen et Deb.

   - *Russell Friedman*

À propos des auteurs

John W. James et **Russell Friedman** travaillent avec des personnes en deuil depuis plus de 30 ans. Ils ont agi à titre de consultants auprès de milliers de professionnels du deuil et offrent leurs séminaires et programmes de certification *Grief Recovery*® partout aux États-Unis et au Canada. Ils sont également les fondateurs du *Grief Recovery Institute*®.

www.grief.net

Consultez le site Web www.AuthorTracker.com pour obtenir des renseignements exclusifs au sujet de vos auteurs HarperCollins favoris.